아도르노
고통의 해석학

차례
Contents

03 음악적 삶과 국외자의 삶 12 고통의 해석학 31 고통의 사회적 형식 41 고통의 내면화: 내적 자연의 왜곡 51 고통의 정점: 자연지배의 20세기적 형식, 나치즘 59 고통과의 화해: 주관 속에 있는 자연의 기억 82 고통과 화해의 철학, 그 이후

음악적 삶과 국외자의 삶

음악과 함께한 어린시절

아도르노는 독일사회에 동화된 부유한 유태인 중산층 집안에서 태어났다. 그의 아버지 오스카 비제그룬트 아도르노는 커다란 포도농장을 소유하면서 라이프치히에 지점을 설치하고 수출할 정도로 성공한 포도주 수출업자였다. 그의 어머니 마리아 칼벨리 아도르노는 결혼 전 이미 이름 있는 오페라 가수로 활동했다. 아도르노의 집에서 같이 살면서 집안에 음악적 분위기를 만들어간 이모 아가테 역시 오페라 가수이자 피아니스트로 문학에 남다른 관심을 가진 인물이었다.

이모 아가테는 아도르노에게 음악과 문학을 교육한 제2의 어머니다. 자유로운 집안 분위기와 음악에 대한 집중적인 관심과 교육은 아도르노가 인격을 형성하는데 큰 영향을 끼쳤으며 그의 전 생애에 걸쳐 작곡, 음악비평, 음악철학을 지속하게 만든 원천이 되었다.

아도르노는 유태인의 혈통을 타고났지만 전통적인 유태인 가정교육을 받지는 않았다. 실제로 그의 아버지는 런던에 장기간 체류했으며 런던에 거주하는 형제 로베르트와 꾸준히 만나 영국식 삶의 방식을 유지했다. 어머니는 프랑스 장교의 딸로 가톨릭 신자였으며 아도르노를 낳은 뒤에 성당에서 영세를 받게 했다.

이러한 가정 분위기는 아도르노 자신에게 유태인이라는 자의식을 갖지 않게 했다. 이것은 그가 훗날 프랑크푸르트의 사회조사연구소에서 같이 활동한 1세대 유태계 비판이론가들과 구별되는 점이다. 아도르노의 가정은 음악으로 대변되는 문화와 자유, 사랑스런 가족관계, 세계를 향한 열림의 경험으로 가득찬 곳이었다.

학창시절

아도르노는 인문계 고등학교에 입학하자마자 음악아카데미에서 본격적으로 작곡수업을 받는다. 건축가이자 철학자인 지그프리트 크라카우어를 사사해 삶과 사회, 세계를 보는 안목을 지니게 된다. 아도르노는 그와 함께 수년 동안 토요일 오후

마다 칸트의 『순수이성비판』을 강독했다. 또한 스승을 통해서 역사철학과 당시의 사상가인 루카치와 블로흐의 사상을 접할 수 있었다.

가정에서 음악 교육과 인문학 교육을 충실히 받은 아도르노는 최우수성적으로 카이저-빌헬름이라는 인문계 고등학교를 1년 먼저 졸업한다. 1920년에 프랑크푸르트 대학에 입학한 아도르노는 철학, 심리학, 사회학 공부를 시작한다. 대학시절 아도르노의 관심은 철학과 그 주변 학문에만 머물지 않았다. 아도르노는 음악에 대한 열정으로 몇 학기 동안 모리츠 바우어 교수의 음악학 강의를 청강했으며, 예술사 강의 역시 수강과목 목록에서 빠트리지 않았다. 대학시절 아도르노는 음악학 청강에 머무르지 않고 음악평론을 하기 시작한다. 1921년에 그의 첫 음악평론이 『예술과 문학의 신잡지』에 게재되고, 1923년에는 음악전문잡지에 평론을 발표하기 시작한다. 그의 음악평론에서 자주 등장하는 주제는 쇤베르크의 음악에 관한 것이었다.

음악 쪽 활동과 함께 아도르노는 철학공부를 지속한다. 아도르노가 철학공부를 하던 1920년대 독일의 강단철학은 신칸트주의가 지배하고 있었다. 아도르노는 이러한 철학 분위기에 일정한 거리를 두었다. 그의 철학적 자의식을 형성한 것은 강단철학의 수용이 아닌 외부적인 자극이었다. 이미 고교시절 크라카우어에게 영향 받아 루카치, 블로흐를 알게 된 아도르노는 이들을 더 깊이 고찰한다. 훗날에 논쟁하는 루카치의 『역사와 계급의식』의 독해를 통해 아도르노는 사물화 문제를 자본주의의 핵심문제로 인식하게 된다. 아도르노가 철학자로 성장하는 데 대학시절에 겪은 중요한 사건은 벤야민과 호르크하이머와 만난 일이다. 이 만남을 통해 아도르노는 철학적 영향을 받고 이들에 대한 비판적 입장정리를 통해 자신만의 사상을 만들어 간다. 아도르노는 1924년에 「훗설에서 노에마 사물성의 초월성」으로 박사학위를 취득했다. 이 학위 논문은 훗설 사물이론이 지닌 초월적-관념적, 초월적-실재적인 구성의 모순을 비판적으로 다룬 것이다. 4년간의 대학생활을 마감하는 학위논문을 마친 아도르노 앞에는 새로운 운명이 기다리고 있었다.

음악과 철학 사이의 고민

1924년은 철학박사학위를 취득한 아도르노가 자신의 진로에 대해 심각한 고민을 하는 시기다. 그가 철학자의 길을 걷는 데 머뭇거리게 만든 것은 알반 베르크의 오페라 「보체크」의 프랑크푸르트 공연에서 얻은 감동이었다. 오페라 「보체크」는 음악평론가 아도르노에게 표현주의 음악의 중요한 작품이자 쇤베르크나 말러의 음악처럼 소멸된 의미에 대한 동경을 불러일으키는 "새롭고 참된 음악"으로 여겨졌다.

아도르노는 알반 베르크와 대화를 통해 그의 제자가 되기로 결심하고 1925년 초에 오스트리아의 빈으로 떠난다. 아도르노 생의 목표는 이제 철학자가 아닌 작곡가이자 피아니스트로 바뀐 것이다. 아도르노는 빈 시절에 알반 베르크에게 작곡을, 에두아르트 슈토이어만에게 피아노를 배운다. 그곳에서 아도르노는 그가 그토록 높이 평가한 쇤베르크도 몇 차례 만났으며 그 인상을 친구들에게 전하기도 했다.

그러나 아도르노에게 빈 유학은 실망스러웠다. 그는 알반 베르크나 쇤베르크 그룹에서 충분히 인정받지 못했으며, 빈에서 출판하는 음악잡지 『여명』의 편집책임자를 맡아 달라는 제안도 흐지부지 되어버렸다. 결국 아도르노는 고향에 대한 향수를 머금고 그 해 여름에 프랑크푸르트로 돌아온다. 고향으로 돌아온 아도르노는 다양한 음악전문잡지의 음악평론 프리랜서로 활동을 한다. 그 이후 이름 있는 베를린 신문에서 음악평론가로 활동하려고 시도하지만 수포로 돌아가면서 아도르노는 서서히 철학분야로 무게중심을 옮긴다. 그러나 음악평론을 포기한 것은 아니다. 아도르노 인생에서 음악, 음악평론가로서 활동하는 일은 포기할 수 없는 것이었다. 아도르노는 실제로 여러 음악을 작곡했을 뿐만 아니라 그의 거실에 놓인 피아노는 그의 연주를 늘 기다리고 있었다.

철학자로 가는 길, 호르크하이머를 만나다

1927년 여름에 아도르노는 교수자격논문 「초월론적 영혼론의 무의식 개념」의 초고를 완성했다. 그러나 이 초고는 지도교수 한스 코넬리우스에게 거부당하고 말았다. 코넬리우스는 아도르노의 논문이 자신의 강의와 책에 있는 내용을 여러 말로 꾸며 반복서술하고 있을 뿐이라는 이유로 논문을 받아들이지 않았다. 아도르노는 대단히 실망했지만 우여곡절 끝에 1930년에 기독교 사회주의자인 폴 틸리히 밑에서「키에르케고르 미학의 구조」라는 주제로 교수자격 논문을 작성한다.

음악과 철학 사이에서 고민하던 아도르노가 본격적으로 철학자의 길로 들어서게 된 가장 중요한 계기는 그의 교수자격 논문 통과가 아닌 호르크하이머와의 만남이었다. 아도르노와 호르크하이머의 만남은 비판적 사회철학자로서 아도르노 철학의 시작이자 훗날 사회조사연구소를 주도하는 핵심인물과의 만남이라는 측면에서 중요하다. 이들의 만남은 1922년으로 거슬러간다. 아도르노가 철학과 학생이었을 때, 그보다 8살 연상인 호르크하이머는 이미 코넬리우스에게 박사학위를 취득하고 그의 조교로 활동하고 있었다. 호르크하이머는 훗날 아도르노의 교수자격논문을 심사하는 부심 역할을 맡기도 한다. 호르크하이머와의 만남은 아도르노가 유물론 철학에 기초한 역사에 대한 비판적 인식과 사회변화에 대한 해방적 관심을 갖도록 이끌었다. 그리고 훗날 호르크하이머가 이론가로서 역량이 소진되었을 때 아도르노는 그를 대신해 사회연구소의 이론적 지도자이자 소장으로서 중추적인 역할을 수행하게 된다. 호르크하이머가 1930년에 프랑크푸르트대학 철학과의 사회철학 정교수로 임명되는 동시에 사회연구소 소장으로 취임

했을 때 아도르노는 사회연구소의 비공식 연구원으로 활동하기 시작한다. 아도르노는 사회연구소 창간 논문집에 「음악의 사회적 상황」을 발표했으며 논문집 2호에서는 마르쿠제의 저작인 「헤겔의 존재론과 역사성 이론의 토대」를 논평했다. 그러나 사회연구소를 매개로 한 비판이론 1세대의 대표학자인 아도르노와 호르크하이머의 이론적, 인격적 만남은 나치의 등장과 함께 새로운 국면을 맞는다.

국외자의 삶을 강요받다

1933년에 히틀러가 정권을 잡자 사회연구소는 반국가적이라는 이유로 폐쇄된다. 동화된 유태인으로 구성된 초기 사회연구소를 바라보는 나치의 시각은 적대적일 수밖에 없었다. 그 동안 유태인이라는 자의식이 없던 아도르노도 '반쪽 유태인'이라는 올가미를 쓰게 되었다.

호르크하이머는 스위스 제나바를 거쳐 미국으로, 다른 동료들은 파리로 이주할 수밖에 없었다. 아도르노는 독일에서 계속 활동하려고 했지만 상황이 여의치 않아 영국의 옥스퍼드에 있는 머튼칼리지 대학원 학생으로 등록한다. 나치에게 강요받은 국외자의 삶은 아도르노에게 영국 학위취득과 영국대학에서의 학문 활동이라는 새로운 목표를 갖게 만들었다. 아도르노는 근 4년간을 영국과 독일을 왕래하면서도 독일적인 것과 끈을 놓지 않으려 노력했다. 나치는 아도르노에게 국외자의 삶을 강요했지만 그는 '독일 인문주의 정신'의 소유자로 자신을 인식했다.

아도르노는 1938년에 사회학자 파울 라자스펠트의 제안을 받아들인 호르크하이머의 초청으로 뉴욕으로 이주한다. 그는 1934년에 콜롬비아 대학의 후원으로 연구 활동을 지속하고 있는 사회연구소의 전임연구원이 되었다. 그가 미국에서 처음으로 한 연구는 록펠러재단이 후원하는 「다양한 청취자에 따른 라디오의 역할」이라는 경험연구였다. 이 연구경험은 아도르노에게 경험연구들이 지닌 한계와 질적 연구, 사변적 연구에 익숙한 독일적 지식인의 자의식을 강하게 느끼도록 만들었다. 아도르노는 이러한 자신의 자의식을 「미국에서의 학문적 경험」이라는 논문에서 잘 드러내고 있다.[1)]

아도르노는 1941년부터 1949년까지 로스앤젤레스의 할리우드에서 멀지 않은 곳에 거주했다. 그의 집에서 멀리 떨어지지 않은 곳에 호르크하이머가 살고 있었고, 나치 때문에 독일을 떠날 수밖에 없었던 많은 이주 독일계 지식인들의 집들이 근처에 있었다.

아도르노에게 로스앤젤레스 시절은 철학자로서 매우 중요한 시기다. 이때부터 음악철학과 예술철학, 철학적 작업을 동시에 수행한 아도르노가 철학연구 활동에 전념했으며, 바로 이때가 철학사상가로서 가장 생산적인 저술을 한 시기이기도 하다. 특히 1942~1944년에 아도르노는 호르크하이머와 함께 20세기의 고전 중의 고전인 『계몽의 변증법』을 쓴다. 1944~1947년에는 호르크하이머에게 헌정한 책 『최소한의 도덕』을 쓴다. 『최소한의 도덕』은 "상처받은 삶으로부터의 성찰"이란 부제에서 알 수 있듯이 국외자로서의 자의식을 독백처럼 써내려간 아포리즘이다. 1948년에는 『계몽의 변증법』의 후편이라 할 수 있는 『신음악의 철학』의 초고를 완성한다.

아도르노의 삶은 음악과 함께한 자유롭고 풍요로웠던 어린 시절과 학창시절, 음악과 철학 사이를 유쾌하게 병행했던 청년시절을 거쳐 반쪽 유태인으로 낙인찍힌 국외자의 삶을 보여준다. 강요받은 국외자의 삶과 그것에 대한 성찰은 아도르노 철학을 구성하는 한 계기가 되기도 한다. 아도르노는 자신의 삶 속에 드리운 나치라는 어두운 역사의 그늘에 자신의 시선을 빼앗기지 않고 자연지배논리의 결과인 어둡고 고통스런 문명사의 원역사를 보편사적 관점을 통해 구성해 내는, 철학자로서의 진면목을 보여준다.

고통의 해석학

고통의 해석학으로서 철학의 이념

아도르노에게 철학은 역사와 사회적 현실에서 분리되어 있지 않다. 철학은 문화의 산물인 동시에 사회와 밀접한 관계를 맺고 있다. 철학의 실천적 과제는 기존의 상태, 기존의 현실을 비판적으로 통찰하는 데 있다. 철학은 "현재 상태가 왜 그렇게 되어야만 하는지" "왜 그렇게 될 수 있는지"에 대해 비판적 물음을 던져야 한다.

이러한 철학적 물음은 현실의 의미를 천착하고 현실의 타당성을 비판적으로 검토하기 때문에 부정적으로 제기되는 물음이다. 철학의 부정적 용법은 "현 세계의 파괴를 몰고 오는 상황에 대한 인식"과 "세계가 오늘 파라다이스가 될 수도 있지만 내일은 지옥이 될 수 있다"는 비판적 시각의 개념화를 통해 작동된다. 철학이 진리성을 지니려면 그 철학은 "세계의 고통, 고통당하는 세계를 표현"해야 한다. 왜냐하면 아도르노에게 고통은 주관적 개념이 아니라 자연지배의 결과로 지금, 여기 존재하는 객관적인 것이며 바로 이 고통에 대해 말하도록 허락하는 것이 "모든 진리의 조건"이기 때문이다.

아도르노에게 철학은 지금, 여기서 벌어지고 있는 폭력과 구체적 고통을 읽어내는 것을 의미한다. 철학이란 고통의 진리성에 대한 의미 찾기, 즉 고통의 해석학인 것이다.

철학의 과제를 수행하기 위해서는 무엇보다도 사회에 팽배한 지배적인 의식과 관념에 대한 비타협적인 인식태도가 필요하다. 이를 통해서 기존의 것에 대한 비판을 수행할 수 있다. 고통을 읽어내는 것으로 철학의 과제를 이해한 아도르노는 학문화된 철학을 비판한다. 아도르노는 추상적 개념으로 특정한 규칙과 범례에 따라 기존의 것을 분석하는 것이 철학이 될 수는 없다고 강조한다. 그것은 넓은 의미의 기술일 뿐이다. 아도르노는 철학이 전문성이라는 미명 아래 다양한 학문분야의 한 분과학문으로 만족해서는 안 되며, 구체적인 문제에 대한 정신의 살아 있는 의미작용 속에서 자신을 발견해야 한다는 것을 강조한다.

현실의 진리성을 천착하고, 현재의 고통을 표현하는 철학, 거대한 체계 앞에서 고통받는 특수자·개별자에게 관심을 가져

야만 하는 철학의 이념은 현실의 실제적인 변화에 대한 요구를 이미 그 속에 포함한다. 이런 차원에서 철학이 실천(Praxis)에 대해 갖는 성격은 '행위론적 차원'의 실천개념으로는 이해되지 않는다. 아도르노가 말하는 철학의 실천적 성격은 "저항하는 힘"이며 부정적 현실을 조장, 방조, 기여하는 것에 대한 반성적 힘을 의미한다.

고통(Leiden)의 개념

아도르노 철학 이념의 핵심 동기로서 고통의 개념은 다양한 의미가 있다. 첫째, 아도르노의 고통은 신체적인 고통을 의미한다. 선사 시대의 위협적인 자연 앞에서의 신체적인 허약함에서 오는 고통, 필수노동에서 오는 고통, 물리적 폭력이 가하는 직접적인 고통 등을 의미한다. 둘째, 고통은 신체적, 물리적 고통에서 오는 경험을 포함하는 개념이다. 구체적이고 직접적인 고통의 심리적, 내면적 경험을 의미한다. 셋째, 세계의 부정성에 대한 경험을 의미한다. 세계의 부정성이란 사회적 폭력과 억압의 경험, 지배이데올로기가 의식에 가하는 폭력, 전체가 소수에게 가하는 폭력, 보편이 특수에 가하는 폭력, 차이를 증오하는 태도, 개인성 상실 등을 의미한다. 넷째, 역사철학적 분석개념으로서 고통이다. 아도르노는 역사를 화려한 건축물, 의료기술의 발달, 기계의 발전, 인간성 발전, 자유정신의 발전으로 파악하지 않는다. 그가 보고자 하는 역사는 알려지지 않은 억압, 죽음, 고통, 부정성으로 가득 찬 역사다. 이러한 역사는 "고통이 객관화"된 역사다. 아도르노는 고통이라는 개념을 가지고 인간의 역사를 관통해 보고자 한다. 그는 고통을 보편사적 관점에서 해명하기 위해 고통의 발생조건으로의 자연지배, 자연지배의 사회적 형식이 부른 고통의 양상, 총체적 억압과 단절할 수 있는 자연과 화해를 통한 고통 극복의 가능성을 차례로 주제화한다.

고통 원역사의 재구성: 자연지배

고통의 역사를 밝혀내는 작업은 역사학적, 실증적 방법이 아니다. 그것은 역사철학적이고 인간학적인 방법이 결합된, 문명사의 비밀을 밝혀내는 고통의 발생학이다. 고통의 발생학은 "문명 속에 깊이 내재하고 있는 고통"의 발생과 고통의 역사를 다시 쓰는 일이다. 아도르노는 고통의 원역사를 재구성하는 주도개념을 자연지배에서 찾는다. 아도르노에게 인간의 역사는 자연지배의 역사인 동시에 자연지배의 논리를 인간의 전 영역에 구현함으로써 보편적 고통의 경험을 감당하는 역사다.[2]

자연지배가 인간을 고통스럽게 만들었는가? 자연지배의 방식이 오늘날 인간의 보편적 행복과 복지를 실현하지 못한 원인인가? 아도르노의 문명사 읽기의 주도 개념인 자연지배 개념이 이와 같은 단순한 질문에 무너지지는 않는다. 자연지배에 따른 고통스런 노동에서의 일정한 해방, 문명으로 인한 생활의 편의성, 필연의 왕국에서 자유의 왕국으로 전환하는 계기의 제공 등은 아도르노의 관심사가 아니다. 아도르노가 시선을 고정하고 있는 것은 자연지배와 그것의 논리가 인간 일반에게 미치는 부정성이다. 아도르노는 자연지배를 해방의 논리가 아닌 파괴의 논리로 파악할 뿐이다. 자연지배에 은폐된 파괴의 논리를 역사상 가장 극명하게 보여준 것이 나치즘이다. 나치즘은 단순한 국가독점자본주의의 "운영상의 사고"가 아니라 자연지배의 논리가 나치주의자들을 통해 왜곡된 형식으로 드러난 것이다.

아도르노는 자연지배의 논리가 인간과 자연 관계, 인간과 인간 관계, 남성과 여성 관계, 인간과 동물 관계 등 사회전체와 인간 삶의 전 영역에 보편적으로 작동함으로써 자연지배가 지닌 해방적 잠재력을 완전히 상실했다고 본다. 인간은 자연지배와 더불어 자연지배논리에 편입됨으로써 자연지배논리의 억압적 강제력을 감수해야만 하는 처지에 놓이게 되었다. 아도르노는 자신의 이러한 문제의식을 "왜 인류는 진정한 인간상태에 들어서지 않고 새로운 야만상태에 빠지는가"로 정식화한다. 이것에 대한 아도르노의 답변은 자연지배가 부른 부정적 결과, 자연지배이성의 부정적 작용에 대한 치밀한 분석에서 찾을 수 있다. 분명한 것은 아도르노의 자연지배논리에 대한 비판이 자연지배의 원역사의 재구성과 함께 "지금도 계속해서 재생산되는 야만"과 "새로운 야만의 여러 현상들"을 동시에 비판의 시험대에 올려놓고 있다는 사실이다.[3] 이는 자연지배의 논리는 계속 작동되며 그에 따른 고통도 지속되고 있다는 것을 의미한다.

지배와 복종의 선택 부재 상황

인간의 자연지배 성립은 논리적으로 주객분리, 주체의 성립, 주체의 대상에 대한 인식능력과 자유로운 조작능력을 전제로 한다. 아도르노는 자연지배 이전의 원시자연 상태에 대한 낭만적 자연관을 배격한다. 원시자연 상태를 자연과 인간의 행복한 통일이나 주체와 객체의 통일성으로 파악하는 것은 이상적 자연에 대한 "동경"이거나 한낱 "헛소리"일 뿐이다. 아도르노에게 원시자연 상태는 단지 인간과 자연이 분리되지 않은 카오스적 상태며, 문명과 문화가 시작되기 이전 단계다.

원시자연 상태에서 인간은 위협적인 자연 앞에서 공포경험만을 체험한다. 인간은 끊임없는 생존을 위한 싸움에 내몰리는 것이다. 공포경험을 유발하는 자연은 단지 외재적 자연만을 의미하지 않는다. 원시자연 상태의 자연경험은 자연의 순환적 법칙, 빠져나갈 수 없는 숙명에 대한 무기력한 경험도 함축한다. 위협적인 자연이 인간에게 가하는 공포의 경험은 생물학적으로 자기보존의 욕구를 체화하며 자기보존을 삶의 최고 원리로 만든다.

공포스러운 자연 앞에서 인간은 자연을 지배하든가, 자연의 공포에 굴복하든가 하는 불가피한 선택, 더 정확히 말하면 선택부재의 상황에 내몰린다.

> 인간은 언제나 자연에 굴복할 것인지 자연을 지배 하에 둘 것인지를 선택해야 한다.(『계몽의 변증법』, 63쪽)

원시 자연인간이 인간이 된다는 것은 바로 이 선택부재의 상황에서 서서히 자연지배로 나아가는 과정이다. 이것은 진정한 인간의 형성과 문화의 발전 과정을 의미하지만 "그 자연지배로 나아가는 과정의 비합리성"이 긍정적 측면을 압도함으로써 인간 자신은 고통받기 시작하며 고통의 내면화에 의한 내적 자연의 또 다른 고통을 야기한다. 이제 인간의 자기보존을 위한 자연지배의 첫 번째 단계에 대해 생각해 보자.

자연지배의 논리 I: 미메시스적 태도

자연지배의 과정에서 아도르노가 주목하는 것이 미메시스적 태도다. 미메시스적 태도는 상징과 언어의 발생 이전, 즉 주체형성 이전에 주객분리의 맹아적 상태에서 나타나는 자기보존 방식이다. 미메시스적 태도는 자연의 공포에 대한 인간의 매개되지 않은 반응양식이다. 이것은 "자연에의 유기적인 순응"으로 정의되는 신체적인 미메시스적 태도를 말한다. 인간은 공포를 극복하기 위해 구체적 공포의 대상처럼 흉내냄으로써 공포의 대상과 동화되려 한다. 아도르노는 이것을 "다른 것과 자기 자신을 비슷하게" 하는 것으로 "대상과 자신과의 유사성"을 만들어가는 것으로 표현한다. 이 단계의 미메시스는 본능적인 반응에 의해 발생하는 '비합리적' 성격을 띤다.

미메시스적 태도의 둘째 단계는 주술적 단계에 나타나는 미메시스 단계다. 신체적 미메시스(Mimikry) 단계가 자연의 위협적 공포에 대한 방어적 반응 양태인데 반해 이 단계에서는 주술사의 의식과 희생물을 통해 자연에 적극적인 영향력을 행사하려는 의도의 "미메시스의 조직화된 사용" 단계다. 조직화의 의미는 주술사의 마귀 제어라는 목적성에서 발견할 수 있다.

> 주술사의 의식은 소재나 견본이 아니라, 비, 뱀, 병자 속의 마귀에로 향한다. 주술을 행하는 것은 같은 혼령에게 행하는 것이 아니다. 주술사는 여러 혼령과 유사한 모습을 가진 주술가면을 바꿔 쓴다. (중략) 마귀들을 놀라게 하거나 무마하기 위해 주술사는 마귀와 유사해지려 한다.(『계몽의 변증법』, 32쪽)

이 단계는 대상화와 주체형성의 경향성을 보여 주지만 완전한 상태가 아닌 과도기적 상태다. 마술적 미메시스는 "합리적 실천인 역사적 단계에서의 노동에 의해 대치"된다. 여기서 미메시스적 태도는 주체를 형성하고 유지하는 데 기여하는 목적 합리적 태도다.

부정적 계기성을 가진 가장 합리적인 형태의 한 예는 나치즘이 작동하는 소위 정치적 미메시스에서 찾아 볼 수 있다. 나치주의자들은 자연지배적, 도구적 이성의 대변자인 동시에 믿음의 나머지 여백마저도 총체적 지배 도구로 만드는 빈틈없이 계몽된 자(Aufgeklärten)다.

아도르노에 의해 최고로 계몽되고 총체화된 억압체계로 이해된 나치즘(반유대주의 비합리성)은 어떻게 지배를 달성하는가? 나치는 위협적인 자연 앞에서 느끼는 인간의 공포를 사회적으로 재생산함으로써 지배에 성공한다. 나치 선동가들은 공포감을 불러일으키기 위해 공포스러운 외침을 가동시키며 억압받는 자들이 두려워하는 힘을 재생산한다.

아도르노는 나치 선동가들의 행위를 주술적 단계에서 마법사들에게서 볼 수 있는 미메시스의 조직적 숙달과 관련시킨다. 나치즘에 의한 "주술행위에 대한 조직적인 모방으로서 미메시스의 미메시스"라는 의미는 나치적 미메시스의 기술 조작적 측면과 마술적 단계의 미메시스적 태도가 가지는 완전히 제어되지 않은 자연에 대한 공포를 다시 불러오는 측면을 의미한다. 이런 의미에서 나치에 의해 재생산되는 공포란, 공포스런 미메시스(schlekenhafte Mimesis)의 기술적 조직화를 의미한다.

아도르노의 미메시스 개념은 자연 순응적 계기(Moment), 자연지배적 계기(합리성의 원초적 형식), 정치적 계기성을 포함하는 동시에 긍정성과 부정성을 함유하는 개념인 셈이다.

자연지배의 논리 II: 신화와 계몽

언어의 발생과 상징을 조직하는 단계는 인간이 사고하는 단계다. 인간이 사고한다는 것은 주객의 분리, 외적 자연과 내적 자연(의식과 사고)의 분리를 전제한다. 신화적 단계에서 이러한 분리가 나타난다. 신화적 단계는 비합리적 미메시스 단계에서 합리적 미메시스로 나아가는 단계다. 그러나 신화적 세계경험의 단계는 이미 "세계의 탈신화(Entzauberung der Welt)"를 목표로 하는 계몽의 계기를 함축하고 있다. 왜냐하면 신화(오디세이)는 화자가 경험대상을 보고하고 판단하며 설명함으로써 세계를 의미구조로 파악하기 때문이다. 신화적 담론에 함축한 계몽의 계기를 간파한 아도르노는 "신화는 이미 계몽이었다"고 선언한다. 신화가 지니는 계몽적 합리성의 요소들은 신화적 힘 앞에 바치는 희생, 희생 제물에 내포된 합리적 교환의 성격, 오디세우스가 자연신과 선물을 주고받는 행위에서 등가원칙이 적용되는 경우, 오디세우스의 각종 책략들에서 찾을 수 있다.

교환이 희생의 세속화라면 희생 자체는 이미 주술적인 형태로 된 합리적 교환으로서 신들을 위한 인간의 고안물이다. 신들은 신들에게 바치는 바로 그 경배잔치에 의해 무너지는 것이다. (중략) 모든 인간의 희생행위가 계획적으로 수행되는 경우 행위의 대상이 되는 신을 기만한다. 희생은 신을 인간적 목적에 종속시킴으로써 신의 힘을 해체시킨다.
(『계몽의 변증법』, 86쪽)

신화적 세계경험에 함축된 주술적 형식의 계몽적 합리성을 제기한다는 점에서 아도르노는 서양사유 전통에 있어 신화 대 계몽의 스키마와 결별한다. 여기에 자연지배의 논리에 기초해 고통의 발생학을 기획하는 아도르노의 전략이 숨겨져 있다. 아도르노는 "신화는 이미 계몽이었다"라는 테제와 "계몽은 신화로 되돌아 간다"라는 테제를 결합함으로써 자연지배의 논리와 문명의 논리를 동일하게 파악한다.

그렇다면 계몽은 왜 신화로 돌아가는가? 계몽의 신화적 요소는 계몽의 계기인 희생의 내면화 자체에 있다. 아도르노에게 문명의 역사는 "희생 내면화의 역사" 자체인데, 이때 희생의 내용은 내적 자연의 욕구 통제, 자기 억압에서 오는 희생, 넓게는 "생동하는 생명 자체"의 희생을 의미한다. 계몽은 계몽 이전의 신화적 단계의 긍정적 측면과 단절됨을 의미하며 이런 이유로 퇴행적이다. 계몽이 신화로 돌아간다는 테제를 '계몽=신화'로 도식화할 때 이 도식의 부정성은 지배계기에 있다. 계몽적 계기를 갖는 신화적 경험과 계몽의 전제인 주객분리 상황에서 외적 자연과 내적 자연의 분리와 통제라는 의미에서 지배의 계기성을 말한다. 이 대목에서 계몽과 신화의 차이는 단지 지배범위의 차이뿐이다. 계몽이 '총체적 지배'의 차원이라면, 신화적 지배는 '신화적 세계'에 한정된다. 계몽이 지닌 또 다른 신화적 요소는 신화적 자연이 "폐쇄된 자연순환"이라는 거부할 수 없는 운명의 필연성에 놓여 있듯이 계몽 자신도 내적 자연을 부정하게 됨으로써 벗어날 수 없는 운명처럼 부정적인 계몽의 과정을 밟게 된다. 계몽의 최종운명은 총체적 억압이며, 이러한 계몽 자신의 운명적 필연성은 계몽과 함께 시작된다.

자연지배의 과정을 설명하기 위해 아도르노가 제안하는 '신화=계몽' '계몽=신화' 도식은 사실 주의를 기울여야 한다. 왜냐하면 그가 사용하는 신화나 계몽의 개념이 문맥에 따라 다의적으로 사용되기 때문이다. 미메시스에서 신화적 단계로서 이행하는 대목에서 말하는 '신화=계몽'의 도식과, 계몽의 자기 파괴성을 언급하면서 주장하는 '계몽=신화' 도식의 신화개념이 각각 다르다는 것에 주의해야 한다. '계몽=신화'의 설명 문맥에서 계몽은 부정적 의미로 사용된다. 이때 계몽은 인간에 대해 신화적 힘, 예언, 신탁, 신화적 논리가 갖고 있는 숙명적인 필연성처럼, 수단합리성에 근거한 형식논리의 강제성과 필연성을 인간에게 법칙적으로 강요하는 계몽논리의 부정적 작동을 의미한다. 한편 '계몽=신화' 도식에서 희생의 내면화를 논거로 제시할 때 신화개념은 부정적 신화개념이 아닌 긍정적 신화개념을 내포하기도 한다. 아도르노의 '계몽=신화' '신화=계몽' 도식에서는 신화적 관점의 신화개념과 계몽적 관점의 신화개념이 섞인 셈이다.

자연지배의 논리 III: 개념적 사고-동일성 원리

계몽적 사유와 다를 것 없는 신화적 세계경험이 자연지배의 논리와 어떤 관련을 맺는가 하는 문제를 따져보자. '신화=계몽'으로 이해한 이 대목에서 대상인식, 세계경험은 개념적 언어를 통해 이루어진다.

자연의 비분리성에서 떨어져 나와 자연을 지배하는 과정에 "사고의 의식"인 개념적 사유, 즉 동일성사고(Identitätsdenken)가 자리 잡고 있다. 아도르노는 동일성사고의 특징을 "통일적인 원리를 가지고 진리성을 주장하는 것"이라고 말한다. 하나의 원리로 모든 것을 포섭하고 체계화하려는 동일성의 원리들로 '정신' '자연' '물질' '사실' '주체' '존재' 등을 들 수 있다. 아도르노가 『부정변증법』에서 동일성철학으로 비판하는 대표적인 철학이 헤겔과 하이데거의 철학이라면, 비록 동일성 비판이라는 이름으로 행하지는 않지만 그의 사회학적 저작들에서 자주 등장하는 실증주의 역시 동일성의 원리에 기초하고 있는 것이다.

아도르노는 슈네들바흐나 토이니센 등에게 동일성 개념을 다의적으로, 불명료하게 사용하고 있다고 비판받지만 동일성사고를 설명하기 위해 그가 구체적인 예로 든 것은 자아 동일성이다. 자아는 그가 경험한 것의 통일이고, 자신의 경험을 자아의 체계에서 통일시킨다. 따라서 아도르노에게 이성적 능력이 있는 존재는 동일화 사고능력을 작동시키는 것이고 그는 사유(Denken)를 논리적 일반성을 지향하는 것으로 이해한다.

동일화하는 사유는 대상을 개념의 논리적 동일성을 가지고 파악한다. 대상을 개념적으로 파악할 때, 동일성 사유는 "단순히 실제의 사유과정에서 상정될 뿐인 어떤 사태 자체가 확고한 것, 불변적인 것으로서 존재"한다고 간주한다.

동일성사고의 특징은 하나의 통일적인 체계를 형성하기 위해 "동일하지 않은 어떤 것이라도 동일"하게 만든다는 것이다. 동일성사고는 자기외부의 동일하지 않은 그 어떤 것도 허용하지 않는다. 아도르노는 이러한 동일성사고의 작용방식을 동일화의 순환(Zirkel der Identifikation)이라고 명명한다. 동일화의 순환은 대상이 제거되고 'A=A'라는 사유가 결과로 도출되는 과정을 지칭한다.

이러한 동일성사고는 동일화 과정을 수행하면서 주관을 실체화한다. 동일성사고는 원리상 객관에 대한 주관의 우선성에서 출발하는데, 실제로는 객관(대상)에 대해 주관을 절대화한다. 그런데 주관과 객관은 아도르노에게서는 동일성사고와 달리 어떤 한 쪽으로 수렴되어서는 안 된다. 왜냐하면 주관을 실체화하는 것도 동일성철학이고 객관을 실체화하는 것 역시 다른 형태의 동일성철학이기 때문이다.

아도르노가 동일성철학을 비판하면서 '객관의 우선성'을 강조하지만, 이것은 주관을 절대화하는 동일성철학을 비판하기 위한 것이지 동일성철학이 범한 오류처럼 '객관을 실체화'하지 않는다. 아도르노가 강조하고자 한 것은 주관과 객관이 어느 한쪽에 수렴되지 않는 주관-객관의 변증법이다. 바로 이 맥락에서 아도르노는 동일성사고, 동일성철학에 내재한 '지배의 계기성'을 비판한다.

동일성사고는 "비진리인 억압적 원리"와 결합되어 있다. 지배계기는 동일성 사유가 수행되는 동안 "자기 외부의 어떠한 것도 허용"하지 않으면서 '개념으로 포착되지 않는 다른 것', 즉 특수자를 일반화하는 데 있다. 아도르노는 이 특수자를 비동일성(Nichtidentitat)이라 부른다. 비동일성은 동일화 사유의 사고 작용 과정에서 특정 개념과 동일시되어 버린다. 동일화 사고 작용에서 비동일성의 계기가 사라지게 만드는 것이 아도르노가 말하는 개념에 의한 지배와 폭력을 작동시키는 억압적 원리인 것이다.

동일성사고가 작용하는 지점에서 자연지배가 가능하다. 동일성사고가 자연에 작동할 때, 동일성사고는 자연을 양화한다. 양화의 방식은 자연의 수학화를 통해 진행된다.

> 수학적 방식은 사유의 의식처럼 되었다. 공리에 의한 자기제한에도 불구하고 수학적 방식은 필수적이고 객관적인 것으로 군림한다. 수학적 방식은 사유를 사물로, 그 자신이 그렇게 부르는 것처럼 사유를 도구로 만든다.(『계몽의 변증법』, 54쪽)

자연의 수학화는 "자연 자체를 수학적인 다양성"으로 치

환해 버린다. 즉 자연을 추상화된 시공간적 관계에 포섭함으로써 자연을 계산 가능하고 유용한 대상으로 양화한다. 자연의 양화는 자연을 고정적인 것, 불변하는 것으로 간주하고 개념의 도식 아래 집어넣어 다양한 "자연의 질적 계기들"을 제거한다.

자연 지배를 가능하게 한 동일성사고에 대한 비판에서 아도르노가 심각하게 고민하는 것은 "고삐 풀린 양화의 폭력성"이다. 이 폭력성은 아도르노에게 교정 불가능하다. 왜냐하면 동일성사고에 내재한 양화의 지배계기는 이미 인식주관 자신도 질적 계기를 갖지 않는 일반적인 것, 순수 논리적인 것으로 환원하기 때문이다. 자연지배 인식조건으로서 동일성사고의 지배계기는 외적 자연의 지배와 내적 자연의 통제에 따른 지배의 결과를 낳는다. 동일성사고의 지배계기는 심리적, 사회적, 정치적, 경제적, 문화적 맥락에서 지배와 복종, 폭력과 고통의 관계를 만들어 내는 것이다.

자연지배-동일성-주체의 원형: 오디세우스

내적 자연과 외적 자연의 지배를 통해 주체를 구성하는 "시민적 개인의 원형"이 오디세우스다. 트로이에서 이타카로 오디세우스가 한 항해는 "자연의 폭력에 대항하여 육체적으로 매우 약하며 자기의식 속에서 비로소 형성되는 주체가 신화들(의 힘)을 헤쳐 나아가는 길"이다.

오디세우스 항해 성공의 열쇠는 내적 자연과 외적 자연의 지배에 있으며, 이를 통해 '성숙한 주체'가 탄생한다. 오디세우스로 대변되는 주체는 위험하고 아름다우며 매혹적인 사이렌들이 주는 행복의 약속과 자아를 잃어버리게 만드는 수많은 유혹을 참아내는 고통을 이겨낸 성숙한 주체다.

주체형성을 방해하는 사이렌의 위험을 극복한 자아는 "통일성을 부정하는 다양성 속에서 통일성을 갖게 되는" 강인한 자아다. 성숙하고 강인한 주체형성의 첫째 계기는 오디세우스에서 보듯 자신의 내적 자연을 억압, 지배하는 데 있다. 아도르노가 "인간이 매우 끔찍한 것들을 스스로 강요해야 한다"는 말과 "(오디세우스적) 주체는 미래를 위해 현재의 희생을 감수한다"는 말은 이 맥락에서 이해할 수 있다. 성숙하고 강인한 자아형성의 두 번째 계기는 첫 번째 계기에서 출발한다. 내적 자연을 억압, 지배할 수 있는 자아는 사이렌으로 대변되는 '자연의 비분리성'을 더는 믿지 않으며 기만(List)과 계산(Kalkulation)을 통해 신화적 위협을 극복한다. 이는 신화적 힘들이 강요하는 자연과 유연한 연관문맥(비분리성)을 끊어 버리는 것을 의미하며 이 계기로 자아가 형성된다.

아도르노는 이와 같이 이중적 자연지배에 의한 주체의 형성을 "자연지배 없이 정신은 존재할 수 없다"고 표현한다. 내적 자연과 외적 자연을 지배함으로써 형성된 자아는 "동일하고 목적정향적이고 남성적 성격"을 띠는 자아이며 신화로 대변되는 자연을 지배하기 위해 기만하고 따져보는 자아다. 오디세우스의 사유 방식인 동일성 사유는 자연지배의 원리를 제공한다. 아도르노는 주체형성의 원리로 동일성 사유를 해명하는 동시에 주체의 자기파괴성의 실마리인 동일성 사유 비판전략을 통해 주체형성의 양가성을 보여주는 것이다.

자연지배와 이성

위협적인 자연의 공포 속에서 인간이 자연지배 과정은 문명의 역사와 동일한 궤적을 그린다. 신체적 미메시스의 단계에서 시작해 자연의 양화를 통한 자연지배의 과정에서 이성의 역할이 분명히 드러났다. 동일성사고나 주체형성의 원형으로 취급된 오디세우스 분석에서 보듯 자연 지배를 가능하게 하는 이른바 자연지배이성은 '도구적 이성'이다. 인간에게 이성은 철저하게 자연지배를 목적으로 사용하는 '도구적' 성격인 것이다.

> 이성에 의해 지배되는 자연 속의 어디에서나 이성은 인과율을 발견한다. 이 이성은 인과율의 반성 속에서 속박원칙(즉 자연을 지배하는 것이 자신의 고유한 자연발생적 성향에서 비롯된 것이며 빠져 나올 수 없는 것)을 의식한다.
> (『부정변증법』, 361쪽)

자연지배의 속성을 띨 수밖에 없는 이성 자신의 자연성은 자연지배 과정을 위한 "보조수단"이라는 도구적 성격만을 갖는 것이다. 도구적 이성으로서 자연지배이성은 수단-목적 관계의 효율성만을 추구한다. 아도르노는 이것을 "목적을 위한 순수한 기관이 되고자 하는 이성"이라고 표현한다. 자유와 해방, 인간성의 이념을 약속한 이성이 자연지배이성이라는 도구적 차원으로 축소되면서 자연, 자기 자신, 세계, 최종적으로 정신을 물화하게 된다. 이성은 그 자신이 자연지배의 긍정적 기능인 인간화의 기관이 되지 못하고 자신의 의미인 정신을 침해하는 방식을 통해 물화의 기관이 되었다. 물화의 기관인 자연지배이성은 그 자신의 궁극목적을 상실한다. 궁극목적을 상실한 자연지배이성이 사회에서 자신의 도구적 성격을 드러낼 때 다양한 고통의 형식을 만들어 낸다. 이 고통의 형식은 사회적 지배, 성적 지배, 종적 지배의 형식을 띤다.

고통의 사회적 형식

사회적 지배: 타자에 대한 지배

아도르노에게 자연지배의 도식은 인간의 사회적 관계, 성적 관계, 인간과 동물의 종적 관계, 인간의 자기관계에 동일한 방식으로 작용한다. 다시 말하면 개념적 사유로 자연의 양화를 통해 자연지배가 성립되며 양화의 자연지배논리가 사회영역에서는 '교환가치(Tauschwert)' 형식을 통해 사회의 작동원리가 된다. 교환가치는 모든 관계를 사물화한다. 양화의 자연지배논리는 인간과 인간의 관계를 지배와 피지배 관계로, 남성과 여성의 관계를 여성에 대한 남성의 지배로, 인간과 동물의 관계를 동물에 대한 인간의 지배로 전환한다. 이 맥락에서 "자연에 대한 지배는 인류 내부에서 재생산"된다.

어떻게 자연지배의 논리가 인간 상호 간의 지배 관계에 나타나는가? 아도르노는 사회적 지배질서의 구체적 발생원인을 해명함으로써 이 문제에 답을 제시한다. 사회적 지배질서의 발생은 사회적 노동 분업에 있다. 특히 아도르노가 주목하는 것은 정신노동과 육체노동의 분리다. 이러한 분리는 명령하는 자와 복종하는 자라는 사회적 카테고리를 만들어낸다. 명령하는 자와 복종하는 자의 사회적 카테고리는 사회가 발전함에 따라 다양한 영역에서 다양한 형태로 진화한다. 아도르노는 바로 이 사회적 카테고리의 본질이야말로 자연에 대한 인간의 지배적 관계와 다를 것이 없다고 단정한다. 육체노동을 하는 자는 비록 자연과 사물에 가까이 있지만 그 어느 것 하나 향유하지 못한다. 왜냐하면 그들은 자발적 노동이 아닌 명령받고 강요당한 노동을 수행하기 때문이다. 문제는 이러한 지배적 관계가 기술과 사회가 발전한다고 해도 변하지 않는다는 데 있다.

아도르노에게 자본주의의 발달은 노동 분업의 세분화와 사회적 기능연관의 집중화, 고도화를 의미한다. 사회적 노동 분업의 세분화, 집중화, 고도화를 가능하게 하는 원리는 무엇인가? 그것은 자연 지배를 작동시키는 논리인 동일성 법칙이 사회적 형식으로 나타나는 교환법칙이다. "보편적으로 행해지는 교환"법칙이 사회의 작동원리이며 동일성의 원리와 같은 뿌리를 갖는다. 왜냐하면 동일성의 원리가 추상적 개념에 의해 자연의 질적 계기를 제거하듯이 교환법칙은 인간의 노동을 평균 노동시간이라는 추상적 일반개념으로 환원하기 때문이다.

모든 관계가 교환법칙에 따라 매개되고 작동하는 사회가 다름 아닌 아도르노가 말하는 "사회적 총체성"이 작동하는 사회다. 교환법칙을 통제할 수 없는 상황, 사회적 총체성의 작동은 곧 "사회적 위험" 상황이다. 노동의 교환가치에 따라 매개되는 사회적 관계는 노동의 질적 계기가 사라지는 위험을 감수해야 하는 사회적 위험에 노출되어 있는 것이다.

자본주의체제 안에서 개인은 사회적 노동 분업의 단순한 기능수행자 이상이 아니다. 반대로 사회는 사회구성원이 수행하는 기능들의 통일체로서 자신을 유지한다. 이것이 이른바 아도르노가 말하는 정상적인 사회와 개인의 변증법적 관계다. 문제는 변증법적 관계가 단절되고 사회의 총체성 논리가 확장된다는 데 있다. 사회적 분업의 기능수행자로서 개인이 자신의 기능을 수행하지 않는다면 그는 어떠한 자기보존(Selbsterhaltung)도 할 수 없다. 노동 분업에 의해 전일화된 사회적 지배를 벗어날 개인은 존재하지 않는 것이다. 개인은 단지 사회적 억압에서 고통당하는 개인으로 존재할 뿐이다. 노동 분업에 의한 자기유지의 과정이 고도화되면 될수록 개인은 자기소외에 시달린다.

자본주의 사회에서 개인의 위상은 아도르노의 분석모델인 사회-개인의 변증법적 상호관계가 더는 작동하지 않는, "집단적 억압 메커니즘인 사회" 속에서 무기력한 개인의 모습으로 묘사된다. 사회의 억압적 성격으로 인해 개성(Persönlichkeit)의 실현과 그것의 "자기 주도적 독립성을 허용하는 사회적 공간"은 더 이상 존재하지 않는다.

기능연관 체계의 전체구조인 사회에서 개인은 "탈인격화" "무화"되었다. 개인에게 어떤 고유한 공간도 허용하지 않는 사회의 총체적인 통일은 개인에게는 "무력감의 내재화"를 의미한다.4) 이러한 상태에서 개인은 자율성이나 자발성, 자유를 상실할 뿐만 아니라, 사랑할 능력마저 잃어버리게 된다. 남녀 간의 사랑에 사회의 작동원리인 교환가치가 침투함으로써 개인은 사업적 관심을 우선시하는 "사회적 모나드의 냉정함"을 가질 뿐이다. 아도르노는 같은 맥락에서 개체의 종말을 가져오는 사회전체가 비진리인 이상 개인의 옳은 삶은 불가능하다고 단언한다.

성적 지배: 남성의 여성지배

자연지배의 논리는 인간의 사회적 관계에 작동하는 것으로 멈추지 않고 남녀 간의 성적 관계에도 나타난다. 아도르노는 이 문제를 계몽의 남성적 성격으로 설명한다. 계몽의 남성적 성격은 문명화과정에서 가부장적 남성사회의 형성과 가부장적 문화의 공고화, 달리 말하면 문명이 지니는 여성지배 계기를 의미한다.

자연지배에 의한 문명화 과정에서 남성의 이미지는 문명의 창조자, 이성의 이미지로 굳어진다. 남성은 자연을 자신이 지배거나 위협적인 자연 앞에 굴복해야만 하는 인간의 불가피한 선택 상황에서 계몽적 이성으로 자연을 지배하는 인간의 보편적 대변자로 표상된다.

계몽의 남성성에서 시사하는 문명창조자이자 이성의 이미지인 남성 이미지와는 달리 자연지배의 역사에서 여성의 이미지는 무력한 존재, 비주체로 남아 있다. 여성은 문명화 과정에 주체적으로 활동하지 못한다. 여성은 문명창조자인 남자에 의해 주변화되고, 생리적인 일을 담당하는 자연의 이미지를 갖는다.

여성의 자연 이미지란 "약하고, 쓸모없고, 공격당하기 쉬우며 자신의 에스코트로 말 잘 듣는 동물을 필요로 하는" 존재다. 문명의 창조자인 남성에게 부여받은 비주체로서 여성의 사회적 기능과 행위양식, 이에 따른 여성의 자연 이미지는 계몽의 남성성이 야기한 상처받은 여성의 자연 이미지다. 계몽의 남성성은 상처받은 "자연의 대변자"로 여성을 낳는다. 아도르노에게 자연지배의 역사인 계몽은 상처받은 자연을 대변하는 여성의 "희생 내면화의 역사"다. 여성에게 희생과 체념의 내면화를 강요하는 계몽의 남성성은 남성사회에서 여성의 지위와 남성사회가 부여하는 여성성과 여성자아를 '자연적'인 것으로 내면화하는 이중적 의미의 체념하는 역사다.

여성 이미지로 고착된 "소위 자연적 존재(Naturwesen)라고 주장되는 여성은 사실 역사의 산물로서 역사가 여성을 탈자연화

시킨 것이다." 여성의 탈자연화란 남성사회에 의한 여성 자연성의 왜곡과 여성문화의 피규정성을 말한다. 아도르노에게 남성적 지배는 남성 일반이 행사하는 남성적 행동인 독자성, 명령권의 확실성, 남성들 간의 암묵적인 결탁으로 관철된다. 이를 통해 남성적 지배는 여성을 객체화하면서 총체적 수동성을 여성적인 것으로 전환한다.

여성적 성격은 남성적 전통사회가 존속하는 한, "여성 해방을 은폐" 하고 있으며 남성사회는 여성문제를 해결하기보다는 희생자가 질문을 더 제기할 수 없게 그 자신의 원칙을 확장시킨다. 남성은 여성자신들이 창녀로서, 여성에 대한 문명적인 판단을 자기화하고 섹스를 비방하는 경향을 만들어내도록 한다. 또한 남성사회는 아름다움의 계획적인 관리를 여성에게 강요한다.

> 아름다움에 대한 남성의 경탄 뒤에는 언제나 호탕한 웃음과 무절제한 조롱과 호색한의 야만스러운 음탕함이 숨어 있다.(『계몽의 변증법』, 338쪽)

"아름다움의 계획적인 관리" 뒤의 남성의 음탕한 웃음은 여성의 성적 대상화에 끝나지 않는다. 남성사회에서 남성의 이중적 여성인식은 음탕한 웃음 뒤의 모성애에 대한 '동경'에 있다. 여성은 성적대상이고 지배의 대상인 동시에 모든 남성적 활동에 대한 조건 없는 사랑의 담지자로 표상된다. 남성에게 모성애는 모든 다정스러움, 사회적 감정, 가족 행복의 보증이다. 모성애는 행복의 최고 전형이 된다. 왜냐하면 "행복은 감싸 안는 것, 어머니의 편안함의 모형"이기 때문이다. 강요하는 여성성과 남성사회가 요구하는 이상적 여성상 간의 간격이 '지배와 동경'의 대상으로서 상처받은 여성이다.

남성사회의 성적지배가 만들어낸 여성적 성격과 남성적 성격이 남성자신이나 여성자신에게 부정적 영향을 미친다. 여성은 "사회의 감옥에서 벗어나려는 희망 없는 시도를 감행하는 히스테리컬한 여성"이 되거나 남성을 괴롭히는 "독살 맞은 여성(Megare)"이 된다. 남성지배로 왜곡된 여성성은 "추잡한 패거리나 사교邪敎집회 취미의 늪"에 빠짐으로써 남성지배에 저항한다. 그러나 여성은 저항 속에서 한계와 불편함을 인식한다.

남성사회에서 패배자로 파악된 남성과 여성의 위기적 관계를 아도르노는 동시 변증법(Gleichzeitige Dialektik)으로 개념화한다. 아도르노는 동시 변증법을 부부관계를 통해 고찰하면서 가정이라는 원시적 질서 안에 주인과 노예의 변증법이 작동한다고 본다. 남성과 여성의 관계에 작동하는 주인과 노예의 변증법은 남성과 여성이 각각 주인이 되고자 하는 변증법적 운동을 수행한다는 의미에서 동시적 변증법이다. 이성異性 간의 투쟁적 긴장관계로서 동시적 변증법을 지양해야 한다. 왜냐하면 허위이데올로기 작동의 장場인 남성-여성관계는 상호 적대적이며, 이 적대적 관계는 옳지 않기 때문이다. 아도르노가 패배자로 인식한 두 적대자의 긴장관계를 극복하는 것은 화해에 달려있다. 아도르노는 남성과 여성의 화해모색에서 여성해방의 가능성과 남성해방의 가능성을 동시에 발견한다.

종적 지배: 인간의 동물지배

아도르노에 따르면 자연지배의 논리는 인간의 동물지배인 종적 지배에도 동일하게 작동한다. 인간은 휴머니즘이라는 미명 아래 동물을 대상화, 상품화하면서 동물에게 폭력을 가한다. 자연을 계산 가능한 것으로 환원하는 자연의 양화와 자연의 질적 계기성을 제거해 버리는 자연지배논리는 동물을 "진정한 존재 자체" "동물 자체"로 보지 않는다. 자연지배논리는 동물을 "몸, 사지나 동작, 생식활동"으로 대상화해버린다.

19세기 제국주의의 산물인 서구의 동물원은 "이국적인 것, 쉽게 얻을 수 없는 것"으로서 아프리카나 아시아의 동물들을 상품화한 것이다. 아도르노는 동물원에 나타나는 자연지배의 논리를 구체적으로 동물의 표본에서 찾는다. 두 마리의 코끼리, 두 마리의 기린, 한 마리의 하마 등과 같이 개별 종의 표본 선택, 관리, 사육은 "자연을 완전히 지배하려는 인간의 야심에 대한 증거"인 것이다.

아도르노에게 인간의 이념은 동물과의 구별을 통한 인간의 종적 우월성에 기초한 것이다. 인간은 인간의 종적 우월성을 단순히 언어, 개념, 이성의 유무에서만 찾지 않는다. 인간의 종적 우월성은 많은 민족의 설화 속에서도 나타난다. 많은 설화들이 보여주는 인간의 동물로의 변화, 동물로의 윤회를 형벌과 저주로 설정하는 것에서 인간에게 뿌리 깊이 자리 잡은 종적 우월성을 확인한다.

인간과 동물의 관계에서 문명사는 인간에 의해 인간 대 동물, 이성적 존재 대 비이성적 존재, 지배 대 피지배 관계를 고착시킨다. 따라서 자연지배의 문명사는 이성적 존재인 인간의 동물에 대한 종적 지배를 정당화한 역사다. 종적 지배 하에서 동물들은 원시인들의 사냥을 위한 몰이 대상, 전쟁의 도구, 식탁의 재료로 사용되며 악명 높은 동물싸움스포츠와 잔인한 방식의 도살장에서 폭력적인 종적 우월자의 희생양이 된다. 현대에 와서 동물들은 무방비상태에서 이성의 존재자인 인간의 의약품, 화장품, 각종 독극성 화학물질의 개발을 위해 생체실험을 강요받는다.

"동물들의 자유" 즉 동물이 동물로 살아 갈 권리는 인간에 의해 철저히 부정되고 만다. 여기서 아도르노가 문제 삼는 것은 "동물의 인간화" 문제다. 인간에 의해 길들여진 동물들만이 인간의 주변에 있는 한, 인간과 동물이 화해할 가능성은 애초에 차단되고 만다는 것이다. 왜냐하면 인간에게 길들여진 동물, 인간화된 동물은 인간에게 화해의 대상이 아니라 종의 불행을 이겨내도록 도와준 것에 불과하기 때문이다. 이 점에서 아도르노는 "지구 전체가 동물에 대해 승리자인 인간을 위한 목격자"라고 주장한다. 자연지배의 논리는 인간이 문화라는 이름으로 동물에게 고통을 가하는 종적 지배형식으로 지속되고 있는 것이다.

고통의 내면화: 내적 자연의 왜곡

외적 자연과 내적 자연의 관계

자연지배는 자연과 인간의 비분리성, 카오스적 통일 상태에서 주객의 분리로 시작된다. 주객의 분리란 외적 자연(자연적 자연)과 내적 자연(인간의 의식과 심리)의 분리를 의미한다. 자연지배는 단순히 외적 자연을 양화를 통해 조정하고 인간의 목적에 적절하게 이용하는 것만을 지칭하는 것이 아니다. 아도르노에게 자연지배는 외적 자연과 내적 자연을 동시에 지배하는 것을 전제로 한다. 내적 자연을 지배하지 않고 외적 자연을 지배하는 것은 불가능하다. 왜냐하면 외적 자연의 지배든 내적 자연의 지배든 지배의 가능성은 인간의 합리적 행위, 수단-목적-합리성에 바탕을 두기 때문이다. 따라서 두 자연관계는 동시 작용적, 상호적 관계지 어떤 것이 먼저 선행하는가 하는 문제가 아니다. 그렇다면 내적 자연의 지배란 무엇을 의미하는가? 그것은 외적 자연을 지배하기 위해 인간이 합리적 사고와 행위를 하는 과정에서 생기는 인간의 내적 욕구와 욕망에 대한 억제와 통제를 의미한다. 외적 자연의 지배에 의한 인간의 자기유지는 필연적으로 내적 자연의 왜곡과 고통을 수반한다.

내적 자연의 훼손: 육체에 대한 문명사적 시각

아도르노는 문명사의 관점에서 내적 자연의 문제를 언급한다. 서구 문명사에 드러나지 않은 숨겨진 역사란 "문명에 의해 억압되고 왜곡된 인간의 본능과 정열이 처한 운명이 만들어 내는 역사"다. 문명사적 관점에서 내적 자연의 왜곡을 설명하기 위해 아도르노가 관심을 기울이는 것은 신체에 대한 시각의 변화다. 아도르노가 분명하게 지적하고 있지는 않지만 자연지배에 따른 문명 발생 이전의 몸은 경험을 직접 지각하고 그것을 통해 세계를 인식하는 생동하는 몸이다.

그런데 문명발생과 함께 인간의 몸은 살아 있는 몸(Leib)의 지위에서 단순한 육체로, 그것도 노동을 수행하는 육체(Korper)로, 혐오스럽고 사악한 육체로 전락한다. 몸에 대한 시각의 변화는 정신노동과 육체노동의 구분과 연관된다. 아도르노는 오디세우스의 항해에서 노를 젓는 노예와 명령하는 오디세우스의 장면에서 노동을 수행하는 부정적 육체관념을 포착한다. 육체는 명령하는 권력자(오디세우스, 정신)에 의해 경멸의 대상이 된다. 정신에 의해서 육체는 한낱 단순한 지배대상, 물질적인 것으로 취급받는다. 또한 육체노동을 수행하는 신체의 소유자 역시 열등한 존재로 취급받는다. 문명 발생의 순간에 나타나는 육체에 대한 부정적인 문명적 시각이 문명사에서 "육체적인 것을 터부시"하게 만드는 것이다. 문명사에서 정신은 선이고 육체는 악인 구도가 확고하게 자리를 잡게 된다. 그리스 시대나 중세까지만 해도 육체는 기껏해야 지배를 위한 필수적인 완력 정도로 이해되었다.

육체에 대한 문명사적 시각은 "외부로부터 육체에 가해지는 강압"이 줄어드는 시기, 즉 생산력과 기술의 발달에 따른 육체노동의 고단함이 감소한 근대 이후에 약간의 변화가 일어났다. 아도르노는 이 변화를 "육체에 대한 증오와 사랑의 양가적 감정"으로 표현한다. 근대에 접어들어 육체에 대한 양가적 시각은 한편으로는 육체를 열등한 것, 경멸적인 것, 정신에 예속된 것으로 간주하면서 다른 한편으로는 금지된 것, 물화된 것, 소외된 것으로 매력적인 갈망의 대상으로 본다. 육체에 대한 증오에 찬 사랑의 관계는 육체를 대상화, 물화한다. 물화의 방식은 사람을 육체로 환원하는 방식이다. 육체는 관절로 연결된 움직이는 기계로 물화한다. 육체의 부분 부분은 서로 분리된 것으로 물화해 버린다. 육체에 대한 증오에 찬 사랑을 보여 주는 사례는 살인자, 깡패, 청부업자, 성범죄자, 패륜아,

나치 등에서 확인 할 수 있다. 아도르노가 보기에 그들은 사람을 사람으로 보지 않고 육체, 고기 덩어리로 물화해 버리는 자들이다. 그들은 사람의 물화를 통해 삶에 대한 적대감을 표현하고 사람을 아무것도 아닌 것으로 만들어 버린다.

육체를 물화하는 경향과 그 비참한 결과는 부도덕한 비인격적 개인이나 파괴적인 파시즘에 직접적인 책임이 없다. 아도르노가 여기서 강조하고자 하는 바는 육체에 대한 문명사적 시각이 지니는 파괴성과 폭력성이다. 중요한 점은 아도르노가 이 파괴성과 폭력성의 기원을 내적 자연의 억압과 지배로 인한 내적 자연의 훼손과 왜곡에서 찾는다는 것이다.

내적 자연의 훼손: 살아 있는 경험의 상실

내적 자연의 지배와 함께 살아 있는 경험은 점점 빈곤해진다. 애니미즘 이전의 자연 상태에서 인간의 경험과 애니미즘에 의해 사물이 정령화 되었을 때의 경험 내용은 그 질적 경험의 차원이 다르다. 그것은 직접 경험한 것에서 논리적, 의미론적 차원으로 경험이 질적 전환되는 것을 의미한다. 아도르노는 경험들에 통일성을 부여하고 체계화하는 과정이 살아 있는 경험의 약화를 가져오는 것으로 이해한다. 따라서 "사회적, 경제적, 학문적 장치가 복잡화, 정교화되면 될수록 경험능력 역시 약화"될 수밖에 없다. 합리적 사고, 동일성사고에 의한 내적 자연의 지배는 불가피하게 직접적인 경험의 영역을 축소시키는 결과를 가져오는 것이다.

아도르노는 주체의 "살아있는 경험" 능력과 경험의 감각적 차원의 중요성을 달팽이 비유를 통해 보여준다. 아도르노는 '자신의 갈 길을 만지고 냄새 맡는 달팽이의 더듬이'를 새로운 것, 지적욕구의 '진정한 표시'로, 우둔함은 이것에 가한 상처로 이해한다. 아도르노에 따르면 우둔함은 억압받은 경험의 결과물이다.

> 우둔함은 상처자국이다. 그것은 많은 것 중 하나의 활동에서 혹은 실제적이든 정신적인 것이든 모든 활동에 관계된다. 한 인간의 어떤 부분에서 멍청함은 그 부분의 근육활동이 성장 시 촉진되지 않고 지장을 받았다는 것을 말한다. (중략) 아이들의 경험이 풍부해진다는 말은 거꾸로 아이들이 욕구를 실현했던 그 자리에는 쉽사리 보이지 않는 칙칙하게 굳은 상처가 남게 된다는 것을 의미한다. (중략) 금지된 모방, 금지된 눈물, 금지된 무모한 장난도 그러한 상처를 만들 수 있다.(『계몽의 변증법』, 349쪽)

경험능력의 왜곡은 방해된 경험의 경험을 의미하며 경험능력의 상실을 초래한다. 감각적인 세계에 대한 경험뿐만 아니라 감각적인 경험을 지성적인 것, 이성적인 사유보다 열등하게 여기고, 그 발아래 굴복시킨다면 사유의 일관성과 체계성을 확보할 수 있는가? 아도르노의 대답은 분명하다. 경험의 빈

곧, 경험 능력의 상실은 경험과 사유를 모두 훼손된 영역으로 만들 뿐이다. 지성영역과 경험영역은 자연지배의 과정에서 실현된 것처럼 분리해서는 안 된다. 두 영역이 분리되는 마지막 종착역은 내적 자연의 물화만을 가져오기 때문이다. 살아 있는 경험에 대한 아도르노의 강조는 살아 있는 경험이 이성적, 지성적 능력과 사유보다 의미 있고 가치 있다는 것을 주장하고 싶어서 그런 것이 아니다. 아도르노의 목적은 내적 자연의 지배 메커니즘과 논리적, 이성적 사유의 내적 연관을 밝히면서 이성적 사유의 절대화를 비판하는 데 있다.

내적 자연의 조정 메커니즘: 문화산업

아도르노의 철학 전체에서 내적 자연의 지배과정을 설명하는 방식은 애니미즘 이전 경험과 이후 경험의 질적 성격에 대한 시사, 근대적 시민의 원형으로 오디세우스의 신화적 대상에 대한 기만전술, 성경과 기독교 권위와 인간의식의 관계에 대한 언급, 근대소설의 기능에 대한 시사 등에서 확인해 볼 수 있다. 그렇다면 현대 자본주의 사회에서 내적 자연의 지배양상은 어떻게 나타나는가? 이것을 가장 잘 파악할 수 있는 것은 사회 이론적, 이데올로기적 차원에서 아도르노가 전개하고 있는 문화산업론이다 .

아도르노의 문화산업론은 매체들이 지닌 의식 조작적 기능에 대한 이데올로기적 비판으로 요약할 수 있다. 인간의 내적 자연이 주체에 의해 구성되는 것이 아니라 매체들에 의해 일방적이고 획일적으로 구성된다는 주장이다. 아도르노는 매체들 간의 생산물, 생산방식, 유통과 소비에 있어 구조적인 차이가 있지만, 모든 매체는 본질적으로 동일한 기능들(의식조작과 거짓, 거짓 욕구 형성, 이데올로기 유포, 비판의식 약화, 사이비 동일화)을 수행한다고 간파한다. 이를 통해 매체들은 '차이 없이 획일화된 체계'를 만들어간다.

이것이 매체의 이데올로기적 기능이다. 아도르노는 매체가 매체소비자들의 "욕구를 생산, 조종, 훈련"시키며 이것을 다시금 "복제, 고착, 강화"해서 획일화된 욕구, 기호, 소비패턴, 사고, 문화를 만든다고 주장한다. 문제는 어떤 개인도 그가 매체들에 노출되어 있는 이상 "빠져나갈 통로"를 찾지 못한다는 점이다. 이런 이유로 아도르노는 매체 일반을 기존 사회의 모순을 은폐하고, 변호하며 사회적으로 통제하기 쉽게 하는 이데올로기적 지배기제로 파악한다.

그렇다면 매체들이 각각 어떻게 의식을 조작하는가? 텔레비전의 경우에 전체 감각 세계에 대한 모사를 다시 한번 가지려는 시청자들에게 항상 실제 세계로 간주된 그 세계의 복제 속으로 자신도 모르게 은밀히 들어가게 만든다. 방송물은 행위, 구성, 어휘 선택, 상징 배열 등의 내면적 구성을 통해 시청자의 의식에 들어간다. 방송물은 다양한 제작기법과 연출을 동원해 사실과 모사물의 경계를 점차 허물고, 모사물을 사실의 한 조각으로 인식하게 만든다. "거리의 사라짐"의 방식은 사람들 스스로 텔레비전을 집의 한 구성물 정도로 생각하지 않게 만든다. 텔레비전은 위협적이고 차가운 세상에서 믿을 만한 대상, 신뢰할 만한 세계의 정보를 제공해주는 삶의 정보 제공자가 된다. '거리의 사라짐'의 방식이 만드는 근접성이 텔레비전을 중심축으로 하는 사이비공동체를 만든다. 텔레비전이 사람들을 불러 모으고, 그들의 욕구를 만족시키며 사람과 사람뿐 아니라 사람과 사물사이에 실제로 존재하는 소외를 의식하지 못하게 만든다.

영화의 경우에 사이비리얼리즘에 기초한 이데올로기적 조작은 텔레비전의 경우보다 용이하고 직접적이다. 아도르노가 주목하는 것은 서부영화, 범죄물, 코미디물이다. 이러한 영화들은 영화적 세계와 사실의 세계를 구별하지 못하게 만들고, 허상의 영화적 사실을 사실로 받아들이게 하는 사이비리얼리즘에 충실하다. 영화는 이런 저런 상상을 할 수 있는 여지를 남겨놓지 않음으로써 자신의 관객들이 스스로 영화를 현실과 직접 동일시하도록 유도한다. 영화적 사이비리얼리즘은 관객의 상상력과 자발성을 감퇴시키고, 마침내 적극적 사고능력, 비판적 인식능력을 약하게 만든다.

문화기계인 영화는 의식의 조작에 그치지 않고 관객의 무의식까지 영향을 미친다. 영화는 무의식적 모방충동과 반응모델을 조작한다. 영화관객은 "이미 그들이 봐온 다른 영화나 유흥물로부터 무엇을 기대해야 하는지를 알고 있으며 그들은 그것에 대해 자동적으로 반응한다." 영화 속의 아이돌 따라하기, 흉내 내기 등 영화적 설정을 관객이 일상 속에서 재현하는 방식들이 여기에 해당된다.

아도르노에게 영화 역시 텔레비전과 마찬가지로 기존 체제의 유지와 체계공고화에 은연중 기여하는 정치적 기능을 수행한다. 이를 설명하기 위해 아도르노는 영화적 이야기유형을 제시한다. 첫째 유형은 체제에 적응하지 못하는 사람의 불행한 삶을 다루는 영화다. 이러한 영화는 "불행한 자의 가혹한 삶이 연출하는 표본사례"를 주인공으로 삼는다. 이와 같은 영화는 관객에게 기존의 체계와 규범을 받아들이도록 교육한다. 둘째 유형은 주인공이 자신의 능력과 한계를 깨닫고 기존 사회에서 성실한 일원으로 살아가려고 노력하는 영화다. 이러한 영화는 '노력하면 성공한다'는 신화를 다루는 영화다. 셋째는 우연히 성공을 한 사람이 곧 비극에 도달한다는 메시지를 다루는 영화다. 이런 영화 유형 역시 우연과 감정에 매달리지 말고 기존 체제에 적응하고 규범을 준수하는 것이 삶의 비극을 피할 수 있다는 메시지를 암시한다.

아도르노는 텔레비전과 영화 매체를 분석하면서 내적 자연이 자본주의 매체시대에 어떻게 조작되어 구성될 수 있는지를 살펴보았다. 철학자로서 아도르노의 매체철학은 경험적 매체이론이나 수용자연구에서 보면 구체성 결여, 반증가능성을 내포하고 있다. 또한 매체가 지닌 해방적 기능과 교육적 기능이 있는 것도 분명하다. 그러나 아도르노는 매체를 매체비평이나 매체사회학, 방송비평의 차원에서 분석한 것이 아니라는 사실을 잊지 말아야 한다. 아도르노는 현대 문명의 자기파괴성을 자연지배논리라는 개념적 틀을 사용해 메타차원, 이데올로기적 차원에서 비판을 가한 것이다. 이 점을 인식할 때, 그가 그토록 강조한 내적 자연을 의식과 무의식 차원에서 조작하는 매체의 부정성이 더욱 분명해진다.

고통의 정점: 자연지배의 20세기적 형식, 나치즘

아도르노 파시즘 연구의 특징

나치즘에 대한 인문학적 성찰이 제기되기 이전에 나치즘 연구는 경제주의, 정치주의, 사회주의라는 특정한 관점 속에서 진행되었다. 이러한 일종의 환원주의적 오류에 대한 기존 연구의 일면성과 단편성에 대한 반성은 1938년에 에드워드 하이만이 제기했다. 하이만은 저서 『공산주의, 파시즘 혹은 민주주의』에서 파시즘의 기원은 오랫동안 지속된 지식인과 중산층의 진리와 정의에 대한 가치 쇠락에 있으며, 그 결과 반인본적인 파시즘을 커다란 저항 없이 받아들이게 되었다고 진단했다. 파시즘에 대한 철학적 연구로는 아마도 파울 로렌첸

이 선구적 입장을 표명했다. 그는 나치즘을 수학적-기술적 이성(mathematisch-technische Vernunft)의 필연적 결과로 이해한다. 파이어아벤트에게 나치즘은 이성파시즘(Ratiofaschismus)이며 리오타르는 나치즘이 합리적 테러나 다를 게 없는 것으로 파악한다. 푸코 또한 아도르노와 유사한 입장을 취한다. 푸코는 나치즘의 총체적 지배체계와 그것의 억압적 폭력이 이성자체에 내재한 폭력성에 근거한 것으로 보았다.

기존의 철학적 파시즘 연구와 아도르노의 파시즘 연구의 차이는 기존의 파시즘 연구가 단편적이고 비체계적이었다면, 아도르노의 연구는 그의 철학 전 체계 안에서 유기적인 설명력을 갖는다는 데 있다. 아도르노의 나치에 대한 철학적 접근은 '왜 고통이 유발되고 지속되고 있는가?'라는 그의 철학의 근본 물음에서 출발한다. 나치의 발생과 총체적 지배, 인류 고통의 문제를 문명사적 측면에서 설명한 것이다. 아도르노의 메타 설명은 자연지배와 나치즘의 깊은 내적 연관성의 해부를 통해 제공된다. 아도르노의 나치 연구는 1947년에 그가 호르크하이머와 공동 집필한 것으로 알려진 『계몽의 변증법』의 「반유대주의적 요소들」, 사회연구소의 중점연구과제의 일환으로 1950년에 출판된 『권위적 성격연구』, 논문 「프로이드 심리학과 파시스트 프로파간다의 유형」 「과거청산 무엇을 의미하는가」 그 밖에 호르크하이머와 마찬가지로 폴록에게서 영향 받은 국가자본주의 경제에 대한 단편적 언급 등을 들 수 있다.

자연지배와 파시즘의 관계

아도르노의 역사철학적 나치분석은 합리적, 경제학적, 정치적 설명모델이 지닌 단편적 설명의 한계를 넘어서고자 하는 이성비판에 기초한 철학적 메타설명이다. 아도르노는 자연지배의 최고 형식으로서 고통의 정점인 "반유대주의의 철학적 원역사" 구성을 시도한다. 반유대적 나치즘은 역사에서 "가장 참혹한 모습(grauenvollstes Gesicht)"이자 체계화된 집단적 폭력으로 서구 문명화에 대한 해부의 열쇠를 제공한다. 아도르노의 역사철학적 조명은 반유대적 나치즘을 하나의 불행하고 특수한 독일적 단일 사건으로 보지 않을 뿐만 아니라 문명의 승전가도에서 발생하는 우연한 운행사고(Betriebsunfall)로도 보지 않는다. 아도르노는 반유대적 나치즘의 원인을 문명에 내재한 필연적 파괴의 경향성에서 찾는다. 그렇다면 이 파괴의 필연적 경향성은 어디서 오는가? 아도르노에 따르면 이 경향성은 자연 지배를 가능케 한 이성과 그러한 이성에 내재하는 이성 자체의 비합리성에서 유래한다. 비합리적 지배의 최정점이 다름 아닌 나치즘의 유대인 민족학살인 것이다.[5]

> 반유대주의의 비합리성은 지배적인 이성 자체의 본질과 그 이성의 이미지에 상응하는 세계의 본질에서 추론된다. (『계몽의 변증법』, 21쪽)

왜냐하면 반유대주의에 나타나 있는 정신이 아직 완전히 어둠 속에 놓여있으며 무엇보다도 문명 속에 깊이 뿌리내리고 있는 고통의 근원에는 "지배와 연루된 합리성"이 자리 잡고 있기 때문이다.

아도르노의 관점은 자연지배적 이성에서 야기되는 문명의 자기 파괴적 경향성과 나치의 폭력적 지배관계를 해명하려 한다. 아도르노는 기술적 자연지배에 의해 실현된 사회는 필연적으로 총체적인 지배의 형식으로 표현된다고 본다. 나치즘의 권력은 단지 자본주의적 사회질서를 대변할 뿐 아니라 "전체 생산에 대한 명령권의 집중을 통해 사회를 다시 직접적인 지배의 단계로 되돌린다." 나치주의자들은 자연지배적, 도구적 이성의 대변자인 동시에 믿음의 나머지 여백마저도 총체적 지배의 도구로 만드는 빈틈없이 계몽된 자이다.

> 신화의 역설은 마침내 20세기의 신화라는 허황된 망상으로 변질되고 신앙의 비합리성은 남김없이 계몽된 자들의 손아귀 속에서 합리적인 장치로 만들어져 사회를 가공할 상태로 몰고 간다.(『계몽의 변증법』, 48쪽)

나치지배의 수단: 야만적 공포의 재생산

그렇다면 최고로 계몽되고 총체화된 억압체계로 이해된 나치즘(반유대주의 비합리성)은 어떻게 지배를 달성하는가? 나치는 위협적인 자연 앞에서 느끼는 인간의 공포를 사회적으로 재생산함으로써 지배에 성공한다. 아도르노는 나치 선동가들의 행위를 주술적 단계의 마법사들에게서 보이는 미메시스의 조직적 숙달과 관련시킨다. 나치즘에 의한 "주술행위에 대한 조직적인 모방으로서 미메시스의 미메시스"라는 의미는 나치적 미메시스의 기술 조작적 측면과 마술적 단계의 미메시스적 태도가 가지는 완전히 제어되지 않은 자연에 대한 공포를 다시 불러오는 측면을 의미한다. 이런 의미에서 나치에 의해 재생산되는 공포란 공포스런 미메시스(schrekenhafte Mimesis)의 기술적 조직화를 의미한다.

> 파시스트들의 구호나 의식(rituale Disziplin), 훈련, 제복 등 언뜻 보기에는 비합리적으로 보이는 파시즘의 모든 장치들은 미메시스적 형태를 가능하게 하는 것이다. 정교하게 짜여진 상징들— 모든 반혁명적인 운동이 갖고 있는 것이지만— 해골과 복면, 야만적인 북소리, 어떤 말이나 제스처를 단조롭게 반복하는 것 등도 주술행위에 대한 조직적인 모방으로서 미메시스의 미메시스다.(『계몽의 변증법』, 251쪽)

나치적 반유대주의에서 재생산되는 공포의 결과는 조직화된 학살집단에 의한 유대인 민족학살이다. 아도르노 시각에서 보면 이것은 문명화로 극복했다고 믿은 야만이 나치즘 때문에 마술적 단계로 회귀하는 "문명의 의식(Ritual der Zivilisation)"이자, 냉소적 의미의 "역동적 이상주의(dynamischer Idealismus)"일 뿐이다.

나치적 지배와 피지배의 관계: 누구나 희생 될 수 있다

나치즘적 총체적 지배가 하나의 "문명의 의식"이 되었다는 주장에는 지배와 피지배가 명확하게 구분되지 않는다. 도구적 이성자체의 비합리성에 연유한 반유대주의의 맹목적 폭력과 희생의 관계는 언제든지 뒤바뀔 수 있다.

> 제물은 상황에 따라 바뀔 수 있다. 집시도, 유대인도, 신교도도, 구교도도 제물이 될 수 있는 것이다. 그들 또한 자신의 명분을 밀고 나갈 힘이 있다면 피에 굶주린 눈먼 살인자가 될 수도 있을 것이다. 세상에는 순수한 반유대주의도 타고난 반유대주의도 없다.(『계몽의 변증법』, 251쪽)

그 이유는 반유대주의는 주체성을 박탈당한 사이비주체들이 주체로 행하는 상황 속에서 발생하는 것이며 "유대인의 피를 달라고 외치는 것이 제2의 본성이 된 성인들은 피를 흘려야 하는 젊은이들이 왜 그래야 하는지를 모르듯, 왜 그렇게 외쳐야 하는지"를 모르기 때문이다. 아도르노에게 탈주체화는 문명화의 필연적 결과며 탈주체화된 주체의 "맹목성이나 무의도성"의 행위에서 반유대주의는 많은 출구 중 "하나의 출구"

로 이해될 뿐이다.

나치적 지배의 철학적 극복

문화비판적 시각에서 반유대주의는 모든 것을 동일하게 만들어 버리려는 태도인 동시에 용인할 수 없는 차이에 대한 집단적 폭력인 셈이다. 독일 기독교인들에게 "사랑의 종교"가 남긴 반유대주의의 내용도 다름 아닌 그들의 "믿음에 동참하지 않은 자에 대한 증오"다. 반유대주의에서 차이는 적이 되며 존재하는 모든 악의 원천으로 간주된다. 차이로서, 특수자로서 유대인에 대한 반유대주의의 표어는 "나는 너를 참을 수 없어. 이 사실을 잊지 마라"다. 반유대주의는 어떠한 "차이에 대한 반성" "개별자 삶의 동등성에 대한 반성"이 존재하지 않는 "차이에 대한 분노"이며 결국에는 탈주체화, 양심의 해체, 가치획일화를 불러온다.

차이로 인한 증오와 폭력의 대상으로서 유대인은 검은 사람(Schwarzmann)의 기능을 수행했다. 검은 사람이라는 역할은 직업이나 사회적 역할이 아닌 유대인이기 때문에 강요받는다. 이런 의미에서 반유대주의는 적대종족에 대한 맹목적 폭력인 것이다.

> 파시즘에서 유대인은 단순한 소수파라기보다는 부정적인 원리로서 적대종족을 의미한다. 세계의 행복이란 그들을 근

절시킬 수 있는가의 여부에 달려 있다는 것이다.(『계몽의 변증법』, 229쪽)

아도르노는 차이에 대한 증오와 폭력적 태도를 "티켓적인 사고"[6]의 산물이며 "반유대적인 티켓이 반유대주의를 초래한 것이 아니라 티켓적인 사고를 하는 심성 자체가 반유대적"인 것으로 파악한다. 아도르노가 「반유대주의의 요소들」의 마지막 문장에서 강조하는 "자신을 지각하는 계몽만이 계몽의 한계를 분쇄한다"는 의미는 반유대주의의 "내용을 개념으로 끌어올려 그 무의미성을 자각"하는 것을 말한다. 이는 티켓적인 사고를 지양한 해방된 사회에 대한 묘사에서 그 의미가 더 분명해진다. 해방된 사회는 "차이를 제거"한 사회가 아니라 "차이를 유지하고 화해하는 상태"의 사회다.

고통의 화해: 주관 속에 있는 자연의 기억

고통과 한 화해와 자연의 기억

아도르노는 『최소한의 도덕』의 마지막 글에서 진정한 철학은 "사물을 구제의 관점에서 고찰"해야만 하며 이것만이 여전히 철학의 유일한 책임 있는 자세라고 주장한다. 아도르노의 철학을 관통하는 "고통을 읽어내고 고통과 화해하려는 철학"적 태도야말로 구제의 관점에서 진정한 철학의 모습을 보여준다. 구제의 관점은 고통의 원인으로서의 자연지배, 자연지배적 이성의 작동원리인 동일성사고, 자연지배가 가져온 구체적·객관적 고통의 내용들에 대한 비판적 고발의 형식을 취한다. 위협적인 자연, 맹목적인 자연의 속박에서 벗어나고자 한 자연지배의 비극적 결과는 문명의 자기파괴성으로 나타나는 고통의 양상들과 그것을 가능하게 하는 내적 자연의 억압과 왜곡에 있다. 자연지배이성의 내적 자연 억압은 궁극적으로 "외적 자연의 지배목표뿐만 아니라 인간 자신의 삶의 목표"도 상실하게 만든다.

구제의 관점에서 아도르노가 제시하는 고통의 극복모델은 한마디로 왜곡되기 이전의 주관 속에 있는 자연의 기억이다. 그에게 내적 자연의 자연성에 대한 기억은 자연지배의 논리에 저항하는 대항개념이다.

> 주관 속에 있는 자연의 기억 - 이 기억을 완성시키는 것은 곧 모든 문화 속에 숨겨져 있는 진리를 찾아내는 것이다 - 을 통해 계몽은 지배 일반과 대립한다.(『계몽의 변증법』, 73쪽)

자연에 대한 기억은 이처럼 반응적·수동적 측면만 있는 것이 아니다. 그것은 지배일반에 대한 대립에 머물지 않고 좀 더 적극적으로 계몽(자연지배의 역사)을 반성하고 "스스로 지양을 통해 계몽을 완성"해 가는 계기를 제공한다. 왜냐하면 "스스로 완전히 자각하고 힘을 가지게 된 계몽만이 계몽의 한계를 분쇄할 수 있을 것"이기 때문이다.

적극적인 의미의 자연에 대한 기억은 사유를 통해 자연지배가 가능하기 이전의 상태에 대한 기억, 즉 내적 자연에 대한 억압이 발생하기 이전의 자연동화적, 자연친화적 내적 자연의 상태에 대한 기억이다. 동일성 사유는 이와 같이 "잊혀진 자연" 위에 세운 "억압 메커니즘"이다. 왜 이것이 적극적인 의미가 있는가? 왜냐하면 잊혀진 자연에 대한 기억, 내적 자연의 기억에는 자연과 화해할 계기가 숨겨져 있기 때문이다. 개념, 인식의 관점에서 자연과 화해하려고 모색을 구체화한 것이 아도르노의 비동일성 테제라면, 예술의 미메시스에 대한 아도르노의 강조는 자연을 기억하고자 하는 아도르노의 적극적인 시도이다. 이 시도의 궁극적 목적은 자연지배의 논리와 화해하는 것이다. 화해를 통해 아도르노는 구제에 이르고자 한다.

화해의 모델 I: 비동일성

자연 지배를 가능하게 한 자연지배적 이성 논리는 개념적 사고, 동일성철학이다. 동일성철학은 근대 관념론 철학에서 정점을 이룬다. 이들 관념론 철학은 자연 지배를 가능하게 한 "주관과 객관 영역의 분리"를 어떻게 매개할 것인가를 철학의 핵심적 문제로 인식한다. 특히 헤겔은 관념론 철학의 전제인 주관의 우선성을 넘어 주관의 절대화, 개념의 절대화를 주장한다. 따라서 자연지배이성의 대변자로서 동일성철학에 대한 아도르노의 비판은 헤겔의 동일성철학 비판의 형식을 취한다.

헤겔의 철학은 절대적 동일성에 기초한다. 절대적 동일성은 자유와 존재의 절대적 동일성, 주관과 객관의 절대적 동일성, 사태와 개념의 절대적 동일성을 의미한다. 헤겔의 동일성철학의 핵심개념인 매개(Vermittlung) 개념도 결코 어떤 극단적인 것, 대립물 사이의 중간적인 것을 의미하지 않는다. 매개는 절대적 주관의 동일화 작용이다. 절대적 동일성에서 계기(Moment) 개념은 최고의 진리인 "전체의 진리"를 향해 나아가는 전체속의 계기 개념이다. 즉 계기 자체의 진리는 진리가 전체로 존재하는 한 진리일 뿐이다. 헤겔의 동일성철학에서 동일성은 '동일성+비동일성'으로 통일된 개념이다. 계기로서 비동일성의 역할을 하고 있지만 그 비동일성은 항상 동일성을 위한 계기만을 제공하고, 동일화를 위해 지양해야만 하는 것이다.

이 점에서 아도르노는 헤겔을 비판한다. 동일성과 비동일성의 긴장은 비동일성을 해소시키지 않는 방식으로 유지해야 한다. 비동일성은 헤겔의 주장처럼 개별적 존재의 제한성, 유한성을 의미하지 않는다. 아도르노에게 비동일성은 독자적이고 고유한 자신의 계기를 갖는다. 그것은 동일성에 따라 대립적인 것으로 동일성에 의해 매개시킴으로써 해소되는 것이 아닌 동일성과 질적으로 다른 어떤 것이다. 비동일성은 개념적으로 완전히 포착할 수 없는 것으로 동일성에 대해 타자성을 갖는다. 따라서 아도르노의 비동일성은 비동일성을 지양함으로써 동일성의 전체진리를 주장하는 헤겔의 동일성철학에 대한 반대다. 아도르노에게는 전체가 진리가 될 수 없는 것이다. 전체의 진리를 획득하기 위해 파괴된 비동일성, 파괴된 개별적인 것의 고유성과 독자성이 환기되어야 한다. 그래서 아도르노에게 "전체는 비진리"인 것이다.[7]

이것을 헤겔이 말하는 "개념의 운동" 관점에서 다시 살펴보자. 헤겔은 개념의 운동에서 개념과 판단, 추론은 필연적이지만 모든 개별적 판단들, 모든 개별개념들, 모든 개별추론들을 틀린 것으로 간주한다. 왜냐하면 헤겔에게 모든 개별적인 것은 전체 사태를 파악할 수 없고 단지 모순에 빠지는 것이기 때문이다. 비동일성의 철학을 전개하려는 아도르노는 바로 이 대목에 주목한다. 개념이 자신의 내적 요구를 만족시키고 사태자체를 파악하면서 진리를 획득하려면, 그 개념은 바로 모든 개별 개념들, 모든 개념판단과 모든 개념추론들을 통일하려 하지 말고 먼저 각각 개념의 뿌리까지 내려가 그 개념이 그 개념 자신과 동일적인지, 비동일적인지를 확인하는 것을 우선해야 한다. 이것은 개별 개념, 개별 판단, 개별 추론들에 대한 개념운동의 계기에 주목함으로써 개념과 대상 간의 동일성을 포착하기 이전의 비동일성 계기를 확인하는 것이다. 이러한 확인을 위해 먼저 개념들의 운동은 개념에 의한 대상의 포착이 아니라 "실제로 대상에 주의를 기울이는" 개념운동이 되어야 한다. 이러한 개념운동의 형식이 아도르노가 말하는 규정적 부정이다.

아도르노는 헤겔이 비개념적인 것, 부정성, 다른 것, 질적인 것, 열려있는 것, 다양한 것, 직접적인 것 등 다양한 이름으로 표기되는 비동일성의 차원을 인식하지 못했다거나 무시했다는 비판을 하지 않는다. 아도르노는 헤겔이 비동일성의 차원을 철저하게 동일성 논리를 위해 "동일성의 도구"로 사용했으며 개념에 의한 "대립의 통일"만을 목표로 한다고 비판한다. 동일성의 절대화에 대한 비판은 "헤겔이 기존의 철학적 전통과 마찬가지로 무관심을 드러낸 비개념적인 것, 개별적인 것, 특수한 것에 참된 관심"을 가질 것을 촉구한다. 그래서 철학의 관심은 "비동일적인 것으로 돌아가도록 개념적인 것의 방향을 변화"시켜야 한다.

그렇다면 아도르노가 제안하는 '비동일성'은 도대체 무엇인가? 비동일성의 구체적 내용이 무엇인가? 비동일성은 아도르노가 주장하는 화해, 혹은 구제로서 철학 과제를 완수할 수 있는가? 먼저 지적해야 할 것은 첫째, 비동일성 개념은 동일성과 대립되는 다양한 표현 중 하나다. 둘째, 비동일성 개념은 미메시스적인 것과 동일한 개념이 아니다. 미메시스가 예술적 활동에서 볼 수 있는 비개념적 인식태도와 관련된다면, 비동일성은 개념적인 것과 관련되어 있으면서 개념으로 포착되지 않는 어떤 것이기 때문이다. 아도르노에게 비동일적인 것은 "개념을 통해서만" 파악되는 것이다. 셋째, 비동일성은 동일성을 지양하거나 대체하는 개념이 아니다. 왜냐하면 사유하는 존재에게 동일성사고는 필연적이기 때문이다. 이런 이유로 아도르노는 "사고한다는 것은 동일화하는 것이다"라는 헤겔의 주장을 수용한다. 이는 사유에 있어 동일성 계기를 제거할 수 없다는 것을 말한다.

불가피한 동일성의 논리적 강압을 분쇄하기 위해서 동일성의 관점에서 비동일성을 고찰하는 것이 아니라 반대로 비동일성의 관점에서 동일성을 바라보는 관점을 취해야 한다. 따라서 비동일성 개념은 동일성에 대한 반성개념으로 이해해야 한다. 비동일성은 동일성에 대한 반성의 계기지 "개념적으로 파악되지 않는 것"으로서 동일성을 대체할 수 있는 그 무엇이 아니다. 아도르노가 비동일성 개념을 제안한 이유는 결국 동일성의 논리적 강압성을 해체하면서 개별적인 것, 다양한 것의 공간을 열어주고 화해를 요구하기 위함이다. 동일성과 비동일성의 진정한 변증법은 어떤 한쪽으로 수렴되는 것이 아니라 긴장과 상호 규정력을 유지하는 것이며, 이는 "비동일성에 대한 일관된 의식"을 통해서만 가능한 것이다. 이 "일관된 의식"이 바로 동일성에 대한 끊임없는 반성인 동시에 "동일성을 꿰뚫고 비동일성이 존재한다는 의식"의 활동으로서 부정변증법의 작동방식이다.

> 부정변증법은 개념성의 방향이 비동일적인 것을 향하게 만든다. 개념 속의 비개념적인 요소가 지니는 본질구성적 성격을 통찰하게 되면, 그처럼 제동을 거는 반성이 없을 때 개념이 초래하는 동일성의 강압은 깨어질 것이다.(『부정변증법』, 67쪽)

비동일성과 부정변증법

부정변증법은 개념을 다루는 개념논리학이 아니다. 부정변증법은 체계를 지향하지도 않는다. 부정변증법은 헤겔의 변증법처럼 부정의 부정을 통한 긍정의 논리를 전개하지 않는다. 부정변증법은 고정된 하나의 방법론을 의미하지도 않는다. 아도르노에게 부정변증법은 "개념을 비동일적인 것으로 이끌어가는 것"을 목표로 하는 일종의 사고모델이다. 부정변증법의 사고모델이 동일성사고처럼 체계와 통일을 지향하는 개념을 목표로 하지는 않지만 그렇다고 파편적이고 단편적인 인식을 목표로 하는 것은 아니다. 그것은 동일성을 포착하는 사고모델인 것이다.

> 이 사고 모델들은 단지 단자론적 성격만 가지지 않는다. 이 모델은 특수자에 관여하지만 또한 그것을 그것의 더 일반적인 상위개념을 통해 소멸시키지 않고 포착하면서 그 특수자 이상의 것을 포착한다. 철학적으로 사유한다는 것은 곧 이러한 모델 속에서 사유한다는 것과 다르지 않다. 부정변증법은 모델분석들의 앙상블이다.(『부정변증법』, 242쪽)

부정변증법적 사고모델은 대상을 인식할 때 개념의 운동인 동일성을 따르지 않고 대상을 구도(Konstellation)속에서 파악하려는 대상인식의 과정, 사고의 과정을 말한다. 대상 그 자체를 파악하려면 구도의 관계를 읽어내어야만 "대상 자체의 특별한 것"을 드러낼 수 있다.

> 구도만이 개념이 (개념의 추상화 과정) 내부에서 잘라내

버린 것, 즉 개념이 될 수는 없지만 또한 그만큼 되고자 원하는 개념 이상의 것을 외부로 지시한다.(『부정변증법』, 240쪽)

구도 속에서 대상을 파악하려는 부정변증법은 "개념에 의해 분리된 비동일성, 비동일적 관계와 커뮤니케이션"할 것을 지향하는 사고과정의 '작동' 자체를 의미하는 것이다.

대상이 처해 있는 구도 속에서 대상을 인식한다는 것은 대상이 자체 내에 포함하고 있는 과정에 대해 인식하는 것이다.(『부정변증법』, 242쪽)

이것은 부정변증법이 하나의 구체적인 체계를 향해 지양하지 않고, 하나의 완성된 인식이론을 추구하지도 않으며 오로지 끊임없는 계기성 속에서 다른 것, 동일화 될 수 없는 것을 확인하는, 즉 같다는 것을 부정하는 멈추지 않는 사고의 활동성임을 말한다.

대상인식 과정에서 차이 지각에 대한 부정적 자기관계를 환기하는 방식인 부정변증법은 "개념으로 환원될 수 없는 경험", 주관-객관-인식의 관계에서 신체적 경험의 측면을 강조한다. 이를 통해 부정변증법은 개념의 지배원리, 헤겔식 개념변증법을 비판한다. 결국 아도르노의 부정변증법은 동일성의 폭력 앞에서 동일성 밖의 비동일성, 비동일성의 경험, 계기의 다양성의 구도를 구제하려는 변증법적 사고모델이다.

화해의 모델 II: 예술

자연지배와 예술

아도르노가 『계몽의 변증법』에서 자연지배의 역사를 설명하고 사회학적 저작에서 자연지배 지배계기의 사회적 양상을 비판한다면, 『부정변증법』에서는 인식론적 관점에서 자연지배를 가능하게 한 동일성사고 비판과 그에 대한 대안 개념으로 비동일성 개념을 제시한다. 『미학이론』은 비판적 사회미학의 관점에서 자연지배이성의 반대 개념인 미메시스 개념을 제시한다. 아도르노의 『미학이론』은 순수미학이론이 아니라 사회비판미학, 역사비판미학이다. 『미학이론』의 예술개념, 예술철학은 자연지배논리의 결과로 총체적 지배에 대한 반대개념이다. 그의 예술개념은 자연지배로 소외된 자연을 재인식하게 만들며 이를 통해 자연지배의 논리에서 벗어난 해방된 사회의 가능성을 암시한다.

아도르노는 '진정한 예술' '예술의 진리성' 등의 표현을 통해 예술의 이념과 역할을 표현하다. 예술의 이념과 역할은 철학의 이념처럼 객관적인 사태인 인간의 고통을 표현하는 것이며, 이것은 또한 모든 진리의 조건이다.[8] 그렇다면 고통을 어떻게 잘 표현할 수 있는가? 이 점에 관한 아도르노의 입장은 분명하다. 어떠한 개념도 고통을 제대로 표현하지 못한다. 개념들은 고통의 다양한 차원과 깊이를 파악하지 못한다. 그 이유는 개념이 지닌 속성 때문이다. 개념은 개인의 고통 문제를 일반적, 추상적 개념으로 기술할 뿐이다. 개념은 고통을 체험함으로써 고통을 표현하지 못한다.

아도르노에게 고통은 비논증적 형식을 통해서만 그 흔적을 읽어 낼 수 있다. 예술의 중요성이 여기서 부각된다. 자연지배의 논리가 총체적 억압의 사회체제로 나타나는 현대 사회에서 예술은 인간의 고통을 읽어내고 사회의 총체성에 저항할 수 있는 유일한 희망이 된다. 예술은 "파편화된 진리의 요소들을 기억하게 하고 그 기억을 강화하는 시도"이며 "예술형식은 기록물보다도 더 적절히 인류의 역사"를 표현한다. 아도르노에게 베케트의 희곡에서 나타난 주관이 파괴된 유치하고 어설픈 어릿광대의 모습은 예술이 고통받는 개인의 보편성을 보여주는 대표적인 사례다. 이런 점에서 고통받는 역사에 대한 기억으로서 예술은 "객관적 진리의 이념"을 갖는다.

예술은 그 자신의 현실 부정성과 고통스런 현실을 동일시함으로써 구체적이고 체험적으로 고통을 표현할 수 있다. 이와 같이 예술은 비개념적으로 고통을 드러내는 언어다. 이 비개념적 예술은 사회 상황의 비진리가 드러나는 곳에서 나타나는 것이다. 아도르노가 "예술작품을 무의식적 역사서술"이라고 말하는 것도, 예술이 지닌 고통의 비개념적 표현을 함축한다.

아도르노에게 예술은 심미적 차원, 순수미 차원의 개념이 아니라 사회비판의 과제를 수행하는 사회적 예술개념이다. 이러한 예술은 어둡고, 우울하고, 부조화적인 특징을 지닌다. 현실의 고통을 즐겁고 가벼운 색채로 표현하는 예술은 예술이 될 수 없다. 탐미주의, 미적 쾌락주의, 미학주의 등과 같은 긍정적 예술은 진정한 예술이 아니다. 진정한 예술은 고통의 현실만큼 고통의 색채를 표현함으로써 현실의 고통에 저항하고 비판하는 부정적 예술이다. 따라서 진정한 예술은 자연지배의 안티테제이며 자연지배논리의 관철로 인한 고통에 참여하는 예술이다. 이런 관점에서 예술은 "자연지배적 논리의 일반성 교정뿐만 아니라 그것의 보완"이 될 수 있다.

예술과 사회의 관계

순수예술은 존재하는가? '예술을 위한 예술' 개념은 가능한가? 모든 예술은 계급의식의 표현인가? 이러한 질문은 아도르노에게 성립되지 않는다. 그에게 모든 예술은 "미적인 것이자 동시에 사회적 사실"이기 때문이다. 먼저 '예술을 위한 예술'은 아도르노에게 경험세계에 무관심하고 안이하게 반응하는 예술을 의미한다. 예술을 단지 정신활동의 산물로만 이해하고 예술의 소재, 재료, 생산조건, 미학적 생산관계와 사회적 생산관계의 상호연관성, 양식발전과 사회발전의 관계, 작품 내적 긴장과 사회적 긴장의 관계 등을 고려하지 않는다면, 그러한 예술은 특정한 무엇을 말하든지 이데올로기일 수밖에 없다. 왜냐하면 예술의 생산과 수용의 관계는 물질관계에 기초해 있으며 사회적 관계는 이미 작품에 어떤 식으로든 끼어들기 때문이다. 이 점에서 예술은 사회적인 것이다.

'예술은 사회적이다'라는 말이 예술은 단순히 사회의 반영물에 불과하다거나 '예술이 사회적 요구에 순응적이다'라는 의미로 파악되어서는 안 된다. 아도르노에게 경험적 세계를 거부하지 않고 단순히 묘사하거나 사실로 받아들이는 순응적 예술과 사회적 요구를 예술이 가지는 독자성에 의해 작품 내재적으로 형상화하지 않는 프롤레타리아식 선전 예술, 그 밖에 대중적 향유만을 목적으로 하는 대중소비예술은 예술의 자율성을 포기한 저급한 정치적, 대중적 예술일 뿐이다. 이것이 전형적인 "반응방식으로서의 예술"이다. 이와 같은 아도르노의 관점은 루카치식의 당파성을 강조하는 예술이론, 사실주의 예술, 브레히트의 문학작품, 한스 아이슬러의 민중선전가요 등을 사회적 진리내용을 작품 내재적으로 충실히 형상화하지 못한 것으로 평가절하한다.9) 예술의 실천적 영향력은 구호와 웅변에 있는 것이 아니며 "사물화할 수 없는 의식의 변화를 통해서 실천적인 영향력"을 갖는 것이다. 예술작품의 실천적 영향력은 작품의 진리내용 속에 있는 것이다.

한편 아도르노에게 예술은 사회적이지만 자율적이다. '예술이 자율적이다'라는 것은 예술이 갖고 있는 종교적 기능에서 독립해 독자적인 창작 영역을 구축하는 시점에서 말할 수 있다. 예술이 심미적 생산물로서 생명을 갖기 시작한 것은 근대 시민사회 이후며, 아도르노가 예술의 자율성을 말할 때 역시 근대 이후 예술의 자율성을 의미한다. 예술이 예술이 되려면 예술의 자율성은 꼭 필요하다. 예술의 자율성은 예술이 사회의 영향에서 완전히 독립한 순수영역을 의미하지 않는다. 또한 예술의 자율성은 역사 속에서 한 번 확립되면 변하지 않는 어떤 것을 의미하지 않는다. 아도르노는 예술의 자율성 개념을 사회와 예술의 변증법적 상호관계 위에서 파악한다. 예술과 사회의 변증법적 매개는 "두 영역의 상호의존과 갈등"의 형식을 통해 표현된다. 사회의 변화에 따라 예술의 자율성에 대한 내용은 상이한 예술 내적인 방식을 갖는다. 왜냐하면 예술의 자율성이란 언제든지 "타율성으로 회귀할 가능성"을 내재하기 때문이다.

예술의 자율성을 설명하기 위해 아도르노는 "창문 없는 모나드"론을 전개한다. 예술작품은 창문 없는 모나드로 사회에 대해 패쇄적으로 존재한다. 작품이 '폐쇄적으로 존재'한다는 것은 작품이 작품형식을 통해 외부 세계인 사회와 대립적으로 존재하며 기술로 형식과 내용을 매개하는 방식을 취하면서 독자적으로 존재한다는 것을 의미한다. "창문 없는 모나드"로의 예술작품의 존재 방식은 '사회와 예술을 매개하는 형식으로서의 모나드'와 같은 예술작품이다. 각각의 모나드인 각각의 예술작품은 예술가의 고유한 방식대로 사회적 현실과 내용을 작품의 형식과 내용으로 매개한다. 창문 없는 모나드는 예술가가 세계를 담는 집이며 그 집은 사회와 예술의 변증법적 관계의 표현물이다. 베버른, 알반 베르크, 쇤베르크, 베케트, 조이스, 카프카, 피카소 등의 작품은 물화되고 파편화된 현대적 삶의 양상, 불협화음(Dissonanz)적인 삶의 내용이 잘 드러나 있다. 이들의 작품이 창문 없는 모나드로 대표적인 예술작품이다. 이와 같이 모나드의 예술작품은 외형적으로는 폐쇄적이며 내용적으로는 사회적 내용을 작품 내적으로 매개하는 내적 역동성을 갖는다.

미메시스의 지평

동일성사고로 비로소 가능해진 자연지배의 역사는 아도르노에게 미메시스적 능력에 대한 터부의 역사다. 동일성사고가 주객 분리 상태에서 주관의 우선성에 기초해 대상을 개념으로 포착하는 데 반해 미메시스적 태도는 주객의 분리 이전의 상태에서 대상을 느끼고, 대상과 같아지려는 대상경험의 태도다. 동일성사고가 주관의 우선성 위에서 추상적, 보편적 개념 속에 대상을 가두어 지배하려는 속성이 있다면, 미메시스적 태도는 객관의 우선성의 바탕에서 대상과 가까이 가려는 대상경험이며 개념으로 포착될 수 없는 대상의 그 "어떤 것" 혹은 "다른 것"에 관심을 갖는다. 동일성사고가 논리와 추론에 기초한다면 미메시스적 태도는 경험에 있어 감각적, 육체적 계기성을 강조한다.

동일성사고가 인식대상에 대한 인식주관의 지배계기를 함축한다면 미메시스적 태도는 인식주관과 인식대상의 친화관계, 화해의 계기를 함축한다. 이러한 미메시스적 태도는 인식론적 맥락에서 말하는 인식도 아니고 대상에 대한 사변적 태도를 의미하지도 않는다. 아도르노에게 미메시스적 태도는 하나의 살아 있는 자연처럼 주어진 인간의 표현형식이다. 미메시스는 자연지배를 가능하게 하는 동일성사고의 반대개념이며 수학화·양화된 외적 자연과 억압된 내적 자연을 기억해 내고, 주객분리 이전의 인간이 자연을 경험하는 태도에 긍정적 의미를 부여하는 개념이다. 미메시스는 "주관과 객관의 고착된 대립 이면의 현실에 대한 위상"을 갖는 개념인 것이다. 또한 미메시스는 대상을 교환가치로 환원하는 인식태도를 거부한다. 미메시스는 대상에 구체적, 직접적, 질적 가치를 추구한다. 이 점에서 미메시스는 대상의 교환가치가 아닌 사용 가치적 성격, 수단이 아닌 목적적 성격을 실천하는 인식적 태도다.

위와 같이 아도르노에게 미메시스는 단순히 예술과 동일시되는 개념이 아니라 역사철학적 지평을 가진 폭넓은 개념이다. 동일성사고의 대항개념, 도구적 이성의 대안 개념으로서 미메시스는 좀 더 적극적으로 해석하면 인간과 자연의 화해를 모색하는 개념이며 따라서 인간과 자연의 관계에서 보편적 실천태도로 일반화를 지향하는 개념이다.

예술에서 나타나는 미메시스

아도르노에 따르면 동일화 사고, 도구적 이성에 의해 관리되는 사회에서 미메시스의 잔재를 찾기란 쉬운 일이 아니다. 미메시스가 추방되고 수단-목적 도식의 도구적 이성이 전일화되는 속에서 미메시스적 태도와 미메시스가 아직까지 보존되고 실현되는 유일한 영역이 예술분야다. 이 맥락에서 아도르노는 예술을 "미메시스의 기관"이자 "미메시스적 반응의 도피처"라고 말한다. 예술의 미메시스적 반응이란 예술에서 미메시스적 표현을 말한다. 예술이 취하는 미메시스적 표현의 내용은 다름 아닌 고통의 미메시스적 표현이다. 미메시스적 표현은 심미적인 세계경험을 모방하는 것이 아니라 세계의 고통 자체와 동일하게 되는 것이다. 동일화의 방식은 세계의 고통을 작품 속에서 변형함으로써 세계의 고통을 표현하는 방식을 말한다. 작가에 의한 미메시스적 표현이 결코 주관적인 것은 아니다. 왜냐하면 미메시스적 표현의 객관성은 작가가 표현하고자 하는 인간 고통의 보편성이라는 자연지배 역사의 침전물을 드러내는 것이며, 작품의 미메시스적 표현 속에서 작품이 스스로 말하게 하는 방식을 취하기 때문이다. 이 점에서 미메시스적 예술표현은 진정한 예술표현인 동시에 진리성을 지닌 객관적 예술표현인 셈이다.

미메시스와 합리성

아도르노가 예술에서 미메시스의 의미와 미메시스의 역사철학적 맥락을 서술하는 것에 대해 주의할 필요가 있다. 미메시스는 아도르노에게 결코 마술을 보여주지 못한다. 비록 그가 미메시스를 동일성사고의 대항 개념이자, 자연과 인간의 화해를 지향하는 보편적 대안 개념으로 시사했지만, 그는 미메시스가 합리성(Ratio)을 완전히 대체할 수 없다고 본다. 그래서 아도르노는 미메시스가 "합리성 이전의 것이나 비합리적인 것"이 아니라고 강조한다. 아도르노가 말하는 미메시스는 신비한 어떤 것, 혹은 이성과 전혀 "다른 것"이 아니다. 아도르노에게 미메시스는 개념적 사고 자체의 한 계기로 "합리성을 비판하는 합리성"으로 이해해야 한다. 합리성을 비판하는 합리성은 개념을 통해서가 아닌 미메시스적 표현을 통한 합리성의 표현, 즉 미메시스적 합리성을 의미한다. 미메시스적 합리성은 개념적 합리성과 달리 질적 계기를 추구한다.

> 감정과 지성은 인간의 본성상 전혀 다른 것이 아니며 분리된 상태에서도 서로 의존적이다. 이 둘의 분리는 위협적이 것이 되어버렸고, 철회되어야 한다. 미메시스 없는 이성은 이성 자체를 부정하는 것이다. 이성의 본질적 목적은 질적인 것이다. 미메시스적 능력은 충분히 질적이다.(『미학이론』, 94쪽)

미메시스적 합리성은 대상을 물화하지 않고, 대상의 사태 자체를 경험하게 하는 합리성이다. 또한 미메시스적 합리성은 미메시스적 경험 밖의 어떤 것 때문에 작품을 형성화하는 것이 아니라 미메시스적 충동의 내적 필연성을 충실히 따르는 가운데 구현된다.

미메시스와 합리성의 화해로서 예술작품

미메시스와 합리성이 미적 합리성의 차원에서 수렴되는 것이 예술작품이다. 아도르노에게 예술작품 자체는 미메시스와 합리성의 화해 지점으로 설정된다. 작품의 제작 과정을 보면 미메시스와 합리성이 화해하는 방식은 '자유'에서 출발한다. 예술작품은 원칙, 공간, 시간, 인과성, 일관성, 논리, 재료 등과 단절하며 자유를 획득한다. 그런데 이 자유의 성격은 예술작품 제작의 기술적 요소에 대한 작위적인 거부나 기술적인 무관심에서 유래하지 않는다. 형식으로 표현되는 예술작품의 본질적 자유의 양상은 바로 작품에 형식적 측면들을 자유롭게 지배함으로써 "자연지배를 가장 본질적인 면까지 수정"하는 방식이다. 이는 달리 말하면 기존의 합리적 사고의 카테고리에서 생각하는 예술작품의 제작방식과 다른 합리성의 적용을 통해 기존 합리성의 부정을 통한 미적 합리성을 표현하는 것이다.

예술작품이 미메시스와 합리성의 화해로 설정될 수 있는 것은 아도르노가 예술작품을 합리성에 바탕을 둔 목적-수단 관계의 지양으로 보기 때문이다. 자연지배이성은 목적을 위한 수단 합리성만을 추구하다가 종국에는 수단을 목적화하는 오류를 범했다. 목적-수단 관계의 전도는 목적의 상실이라는 비극을 낳고 만다.

예술이 상업화·탈예술화되는 순간, 예술은 오락화·수단화되고 예술 본래의 부정성을 상실한다.[10] 아도르노에게 예술작품은 합리성으로 작동하는 목적-수단 관계가 정지되는 공간이다. 예술작품은 그 자체로 목적-수단 관계에서 벗어나 자유로우며 무목적적인 것이다.

경험적 차원에서 예술작품은 물론 예술시장에서 생산, 유통, 판매라는 시장메커니즘 안에서 가치가 평가된다. 그러나 예술 작품을 세계의 부정성을 담아내는 하나의 독자적 세계로 간주한다면 예술작품은 그 존재 자체로 "교환불가능성"을 갖는다. 아도르노는 예술작품을 예술의 시장메커니즘과 교환가치적 사회질서에 대한 저항과 거부로 이해한다. 예술작품은 교환을 거부하는 "사물의 대리인"이다. 이 점에서 예술작품은 자연지배적 합리성과 대립적이다. 그러나 예술작품은 교환가능성을 수용해야 하며 수용할 수밖에 없다. 예술작품이 교환가능성을 수용하는 방식은 그 자신이 교환가능성의 구체적 대상이 되면서 교환가치적 관계를 표현하고 이런 방식을 통해 교환가능성을 비판하는 형식이다. 이 점에서 예술작품은 합리성의 비판적 교정과 미메시스적 반성력의 화해지점이 된다.

예술과 유토피아

미메시스와 합리성의 화해지점으로 예술은 그것 자체로 유토피아적 성격을 띤다. 그런데 예술이 띠는 유토피아적 성격은 긍정적 성격의 유토피아가 아니다. 진정한 예술이 지향하는 객관적 고통의 표현으로서 예술형식은 부정적이다. 그것은 불의와 억압체계의 연관문맥에 대한 총체적 부정성의 성격을 띤다. 부정성의 예술적 표현은 불협화음, 부조화의 형식이다. 예술은 사회적 부정성을 예술적 부정성으로 일치시키는 절대적 부정의 방식을 통해 "지배원리에 굴복되지 않은 것으로서의 그 무엇"이며 "아직 존재하지 않는 것"인 유토피아를 표현한다.

> 예술은 몰락과 파멸의 이미지가 가지고 있는 절대적인 부정성에 의해서만, 말로 나타낼 수 없는 그 어떤 것, 즉 유토피아를 표현한다.(『미학이론』, 62쪽)

절대적 부정의 방식을 통해 예술이 보여주는 유토피아는 자연지배이성의 지배와 폭력이 아닌, 그것에서 벗어난 "자유를 의미"하며 "실현될 수 없는 것(사회)의 가능성"과 "변화된 인간성에 대한 이미지"다.[11] 그것은 자연과 인간, 자연과 정신, 인간과 인간, 남성과 여성, 인간과 동물, 주체와 객체, 보편과 특수의 화해라는 개념의 차원이나 가상의 자기만족 때문이 아닌 "비동일자의 흔적을 표현함으로써 새로운 인간상의 이미지"를 그려내는 예술 속에서 선취되는 것이다.

> 화해는 비동일적인 것을 자유롭게 만들며 정신화된 억압으로부터 벗어나는 것이다. 화해는 이질적인 것의 다양성을 열어 놓는다. (중략) 화해란 주관적 이성에는 저주와도 같은

것으로서 더 이상 적대적이지 않은 많은 것들을 상기하는 것을 의미한다.(『부정변증법』, 60쪽)

그런데 유토피아는 더 나은 세계, 고통이 사라진 세계에 대한 구체적인 전체상을 보여주는 방식을 취할 수 없다. 유토피아는 개념적으로 표현할 수 없는 비개념적인 것이다. 예술은 '부정적인 것'이 사라질 때까지 부정적 방식으로만 유토피아를 그려낸다. 예술이 더 나은 세계에 대한 이미지를 형상화한다면, 그것은 곧바로 현실 긍정적인 수단으로 오용되고 말 것이다.

예술적 유토피아가 구체적 화해와 해방의 모습을 형상화하지 말아야 하는 이유는 예술이 화해하지 못하는 사회의 상태, 이것에 대한 경험을 화해하지 못하는 모습으로 형상화함으로써 화해의 가능성을 환기시키고 그 가능성의 지평들을 열린 상태로 놓는 방식을 취하기 때문이다. 구체적 이미지의 금지 원칙은 환상을 심어주거나 현실을 호도하는 거짓 유토피아를 경계하게 만든다.

> 선취적 지에 대한 자기만족이나 구제를 위한 부정성의 거짓설명은 기만에 대항하는 저항의 비진리적 형식이다. 구체적 이미지의 권리는 그러한 금지가 성실하게 지켜질 때 구제된다.(『계몽의 변증법』, 52쪽)

결국 아도르노가 말하는 예술의 유토피아는 예술의 이념과 예술의 진리성에서 연유한 부정적 예술의 자기표현인 것이다.

고통과 화해의 철학, 그 이후

영향과 평가

 이제 자연지배의 논리로 인간과 문명에 가한 보편적 고통과 그 화해에 대한 아도르노의 철학적 분석의 현재성에 대해 생각해 보자. 지금까지 서술한 것처럼 아도르노 철학의 근간을 이루는 사유는 아도르노 전체계에서 보면 초기 저작인 『자연사의 이념』 『철학의 현재성』에서 이미 그 실마리를 확인할 수 있다. 이것에 대한 본격적인 논의는 주저인 『계몽의 변증법』 『부정변증법』 『미학이론』 등에서 전개되고 있다. 그 밖의 수많은 사회학적, 음악적 저작에서도 같은 맥락에서 논의를 전개한다. 이와 같은 아도르노 철학은 일관성과 체계성을 지녔지만 많은 독자에게 수수께끼로 남아 있다. 그것은 아도르노의 시적 표현, 에세이식 글쓰기, 고도로 압축적인 표현과 맥락의 양가적 의미 찾기식의 글쓰기와 그에 따른 가독성의 어려움에 기인한다. 아도르노 철학에 대한 가독성, 이해불가능성에 대한 끊임없는 비판에도 아도르노 철학은 '잊혀진 철학'이 아닌 '현재의 철학'으로서 지위를 갖는다.

아도르노는 프랑크푸르트학파 1세대의 대표 사상가이다. 1930년대에 호르크하이머가 프랑크푸르트학파의 연구주제와 연구방향을 제시하면서 비판이론의 철학적 이념을 제시했다면, 아도르노는 2차대전 후 사회연구소의 프랑크푸르트 복귀 이후 이론영역에서 프랑크푸르트학파를 이끈다. 아도르노는 1950년대 후반부터 독일 철학계 안에서 서서히 철학자로서 명망을 얻게 된다. 또한 아도르노는 독일 대학 재건과 나치 과거 극복과 민주주의적 신질서 체제 확립에 대해서도 대사회적 발언에 적극적이었다. 1960년대에 문화비판에 대한 대중적인 글을 통해 문명비판가로서도 대중적인 명성을 얻는다. 1961년에 독일 사회학 대회에서 전개된 아도르노의 포퍼적 실증주의에 대한 비판은 그의 미국 체류 시절과 독일 귀환 후 다양하게 전개한 경험주의 방법론에 대한 종합적 비판의 성격을 띠며 알베르트와 하버마스의 논쟁으로 발전되었다. 1960년대 후반부터 1970년대까지 근 10여년은 독일학계에서 비판이론의 시대라고 해도 과언이 아니다. 아도르노, 호르크하이머의 비판이론은 단지 철학 영역에 국한되지 않고, 사회학, 정치학,

교육학, 미학, 교육정책 등 다양한 분야에 영향을 미쳤다.

이론사적 영역에서 아도르노의 철학은 2세대 프랑크푸르트 학파 학자인 하버마스가 변형시킨다. 하버마스는 아도르노가 이성의 다양한 측면을 간과하고 이성을 도구적 이성 개념으로 축소해 버렸다고 비판한다. 또한 아도르노를 포함한 초기 비판이론은 간주관성에 기초하지 않고 주관주의 철학에 기초함으로써 의사소통적 합리성을 간과하고 있다고 비판한다. 하버마스는 아도르노가 근대성이 담지하는 해방적 잠재력을 간과한 채 근대성을 지나치게 어둡게만 서술하고 있다고 비판한다. 비판이론에 언어적 전회를 감행한 2세대 비판이론가인 하버마스가 한 아도르노 비판은 아도르노가 힘주어 말하는 '계몽의 자기계몽' '이성적이고 합리적 사회 건설'이라는 해방적 계기들을 일정부분 계승하고 있기 때문에 아도르노 비판이론의 '변형적 확장'이라는 측면이 있다.

3세대 비판이론가인 호네트는 사회이론적 관점에서 아도르노가 자연지배 개념을 인간의 상호작용이 일어나는 사회영역에서 유일한 사회적 지배의 형식으로 파악하는 것은 사회과학의 중요한 주제인 구조적 폭력에 대한 이해부족의 결과라고 파악한다. 호네트는 사회영역의 구조적 폭력이 아도르노의 주장처럼 자연지배논리의 사회적 형식이 아니라 사회적 동의에 근거한 지배에 기초한다고 비판한다. 그는 아도르노가 자연지배논리를 사회영역에 여과 없이 적용하는 환원주의 오류를 범하는 것이며 사회적 상호작용에 기초한 사회적 관계의 성격을 간과한 것으로 비판한다. 사회지배에 대해 호네트가 한 아도르노 비판은 역사철학적 논거에 대한 사회이론적 비판이라는 측면에서 제한적 타당성만을 지닌다.

비판이론학파 안에서 일어난 아도르노 철학에 대한 비판과 달리 정통 맑스주의 철학자들이 아도르노에게 가하는 비판은 정치철학적인 주제에 집중되어 있다. 정통 맑스주의자들은 아도르노 정치철학이 수행하는 변형을 시대적 상황에 조응하는 새로운 맑스주의의 건설이 아닌 맑스 철학의 오독으로 비난한다. 아도르노가 한 맑스 비판의 핵심적 내용인 혁명의 주체로서 노동자 계급의 계급의식에 대한 회의, 맑스주의의 이론과 실천의 변증법에 대한 비판, 사회해방을 위한 구체적 실천프로그램과 1968년의 사회저항 과정의 학생폭력에 대한 아도르노의 거부와 비판 행동, 지식인의 다양한 이데올로기적 실천에 대한 비판과 아도르노의 심미주의적 경향 등은 정통 맑스주의자들에게 수용 불가능한 주장들이었다. 정통 맑스주의자들이 비판한 아도르노 정치철학은 아도르노 전체 철학의 문맥에 기초한 비판이라기보다는 외재적, 형식적으로 비판한 측면이 강하다. 정통 맑스주의자들과 달리 프리드릭 제임슨은 1930년대부터 시작된 아도르노의 총체성분석과 보편과 특수, 전체와 부분의 관계분석이 포스트모던한 현대에 필요한 설명력을 제공한다는 점에서 "20세기 최고의 맑스주의 철학자" 중 한 사람으로 아도르노를 평가한다. 그러나 아도르노의 맑스 비판 중 경제환원론적 토대-상부구조 비판이나 맑스의 노동개념에 대한 비판은 아도르노 자신이 자의적 해석을 가하는 것이 사실이다.

고통의 해석학으로서 고통과 화해할 것을 제안하는 아도르노 미학에 대한 전통적이고 대표적인 비판이 있다. 수용미학자인 야우스는 예술경험이 수용자의 이해, 해석, 비판, 평가라는 작품과 작품수용자의 상호작용 속에서 작품을 통한 예술경험과 의미작용 속에서 발생하는 것이지 아도르노의 주장처럼 예술작품이 지니는 사회비판적 성격, 부정성의 개념으로 환원될 수 없다고 강조한다. 야우스의 비판은 자연지배논리에 대한 대안으로서 예술에서 화해의 선취를 발견하려는 작품미학적 논증전략에 대한 수용미학적 비판인 셈이다.

수용미학적인 비판은 뷔뤼거의 아도르노 미학 비판에서도 동일하게 적용되고 있다. 또한 뷔뤼거는 아도르노가 가상으로 한 예술개념비판을 통해서 제도의 기능을 하는 예술, 이념을 대신하는 작품개념을 비판하고 예술이 삶의 실제적인 측면에 매개적으로 지시함으로써 예술이 함축하는 화해의 구제를 실현할 수 있다고 강조한다.

아도르노의 제자인 벨머는 화용론적 관점에서 아도르노 작품미학의 전제인 예술의 진리성, 예술진리 개념을 비판한다. 벨머는 예술진리가 예술자체에 내재한다고 보지 않는다. 그는 예술개념에서 진리성을 요구할 수 있지만 예술적 진리는 예술작품을 둘러싼 다층적인 상호문맥의 소통가능성에서 확보된다는 입장이다. 수수께끼로서 아도르노가 주장하는 예술작품은 사회에 대한 비판과 부정으로서 화해의 유토피아를 지시하는데, 지시되는 현실과 예술이 보여주는 것 사이의 연관관계에서 소통 가능성은 아도르노의 주장처럼 단지 예술작품 자체가 가진다는 진리의 일방적 인식에 기초해서는 안 되며 개별 작품-현실-유토피아-수용자의 소통적 문맥이 확립될 때 비로소 예술적 진리를 확보할 수 있다고 본다.

포스트모더니즘과 아도르노

포스트모더니즘에 대한 리오타르와 하버마스의 논쟁이 1980년대 초반에 제기된 이래로 아도르노와 포스트모더니즘의 관계, 아도르노 철학의 포스트모던적 성격에 대한 논의는 종종 있었다. 리오타르는 직접적으로 아도르노 철학에 포스트모던적 철학 성향이 있음을 주장했다. 아주 잘 알려진 푸코의 인터뷰도 아도르노 철학과 포스트모더니즘의 연관성을 환기시킨다. 푸코는 말년에 한 인터뷰에서 『계몽의 변증법』을 본인이 일찍 알고 있었다면 자신이 겪은 많은 우회로와 이론적 노력을 절약할 수 있었을 것이라고 주장했다. 리오타르와 푸코가 간단히 언급하고 있는 아도르노 철학의 포스트모던적인 요소는 무엇인가? 아도르노와 포스트모더니즘에서 확인할 수 있는 가족유사성은 1)총체성과 체계에 대한 급진적 반대와 총체성 인식의 불가능성, 총체성 요구의 단념 2)아도르노의 구도(Konstellation) 개념에서 보여주는 다양한 지배들의 상호연관 관계, 탈중심성,

개별성, 차이성, 열린 사유에 대한 강조 3)이성개념에 대한 회의 4)제1철학의 거부 등이다.

아도르노의 철학에서 포스트모던적 성향이 있다고 해서 그가 곧 포스트모더니스트인 것은 아니다. 그의 철학은 단지 "포스트모더니즘이 출현할 충분한 여지를 자신의 내부에 포함"하고 있었을 뿐이다. 리오타르가 포스트모던한 철학 중 하나로 아리스토텔레스를 포함하는 것과 같이 아도르노의 철학도 포스트모더니즘 논의와 연결점을 찾을 수 있다. 그러나 사실 아노르노는 누구보다 철저한 계몽철학의 비판적 계승자다. 아도르노의 철학적 성과는 계몽의 자기계몽을 계몽의 비합리성을 통해서 비판하고 있다는 사실이다. 그래서 여전히 아도르노에게 사회해방, 자유, 합리적이고 이성적인 사회 건설이 핵심 화두이며 급진적인 계몽·이성비판은 이를 구성하기 위한 전략적 중심축이다. 아도르노의 철학은 개념을 비판하지만 개념을 포기하지 않고, 이성을 비판하지만 이성의 자기 반성력을 희망하는 모던한 철학인 것이다.

아도르노 철학의 현재성

아도르노 철학은 크게 두 가지 관점에서 그 유효성을 여전히 입증받고 있다. 첫째, 자연지배논리의 관철로서 문명사에 관통하는 고통의 객관성은 오늘날에도 사라지지 않고 있다는 점이다. 아도르노가 제기하고 있는 자연지배이성의 폭력성은 아직도 사라지지 않은 민족학살, 인종청소 사건, 민주주의에 저항하는 바바리안적 요소들, 제거되지 않는 인간의 마음에 잠재한 불안과 공포의 정조, 일상적 삶과 사회적 삶에서 작동하는 수단-목적의 관계 전도 현상, 체계와 보편의 지배논리를 역전하지 못하는 무기력한 개인의 존재양상에 자신의 어두운 그림자를 드리우고 있다. 이 점에서 아도르노의 "계몽은 신화로 퇴행한다"는 테제는 그 설명력을 상실하지 않았다. 그러므로 자연지배논리의 관철로 인한 고통의 치료제로서 "망각된 자연에 대한 기억"에 대한 호소는 계속해야 한다. 둘째, 아도르노 철학은 다원화, 탈중심화, 다문화, 세계화 시대에 더더욱 강력한 힘을 발휘할 수 있다. 자연지배이성에 대한 아도르노의 비판인 비동일성 강조, 구도적 관계, 차이의 강조는 전지구적 차원의 세계화와 지역적 차원의 다원화, 탈중심화, 다문화, 복합문화화하는 사회에서 차이 인정, 타자에 대한 배려와 관용태도, 타자와 소통, 문화 간 대화, 열린 태도에 대한 규범적 준거를 제공하기에 충분하다.

주

1) 미국에서 한 경험연구에 대한 아도르노의 경험은 경험적 예술사회학이 지닌 한계에 대한 비판으로 이어진다. 예술사회학은 "예술문화적 현상 자체에서" 출발해야 한다. 이것은 예술문화적 체험과 이해에 계량화할 수 없는 내재적 문맥과 질적 실체가 있다는 것을 의미한다. 예술문화의 경험을 계량적 차원에서 접근하고자 하는 예술사회학은 문화예술 감상자들의 이미지, 자발성, 상상력과 문화적 경험의 측면을 간과한다. 아도르노의 경험연구에 대한 비판의 정점은 1961년 10월에 독일사회학 대회에서 있었던 포퍼적 실증주의에 대한 비판에서 잘 나타난다. 아도르노는 「사회학과 경험적 연구」라는 발표문에서 경험사회학은 내용보다는 방법론, 사태의 본질보다는 사태의 객관화, 체계가 아닌 유기체로서의 사회, 총체적 판단보다는 개별적 사실에 근거한 판단, 가설의존적인 특징들을 지니며 관리과학의 범주를 벗어나지 못한다고 주장한다.

2) 자연지배의 부정적 관점, 자연지배논리를 통한 문명사 비판에 대한 아도르노의 이론적 입장은 『계몽의 변증법』을 쓰기 훨씬 이전인 그의 초기저작에서 확인할 수 있다. 1932년에 발표한 논문 「자연사의 이념」이 그것이다. 이 논문에서 아도르노는 관념론적 자연이해를 비판하면서 자연과 역사를 분리가 아닌 변증법적 관계 속에서 파악하고자 한다. 자연과 역사가 어느 한쪽에 의한 수렴이 아닌 양자의 차이를 유지하는 현실 속에서 구체적으로 통일이 되는 양자의 변증법적 관계가 기본관심이다. 「자연사의 이념」은 문명사를 비판하는 데 자연사의 관점을 채택한다는 측면에서 『계몽의 변증법』과 호흡을 같이 한다고 볼 수 있다.

3) 아도르노에게 재생산되는 야만은 주관적이고 심리적인 야만과 객관적인 야만이다. 주관적이고 심리적인 야만은 "규율, 직접적 충동 저지, 조소적 회의, 맹목적 명령요구"로 억압자들이 갖는 야만성이다. 일반적인 야만적 심리로 공격욕, 원시적 증오, 파괴충동, 광적인 편견이 있다. 객관적 야만에는 "억압, 민족학살, 고문"이 해당된다. 그러나 넓은 의미의 객관적

야만은 "사회질서, 권위, 견고한 권력과 법령의 이름으로" 행하는 모든 것을 의미한다. 다시 말하면 아도르노의 야만 개념은 기존 사회를 지탱하기 위해 봉사하는 각각의 것들이 지니는 강제력과 폭력성을 포함하는 대단히 포괄적인 개념이다. "새로운 야만의 여러 현상들" 중에서 아도르노가 특히 주목하는 것은 민주주의에 대한 폭력과 민주주의가 내재한 결함이다. 아도르노는 민주주의에서 비판은 본질적인 것이며 민주주의는 비판으로만 정의할 수 있는 것으로 파악한다. 자유, 다양성, 비판은 정치적 행위, 정치적 과정, 정치사회적 전 영역에서 실현되어야 하며 이것이 민주주의에서 야만성 여부를 판단하는 잣대가 된다고 주장한다.

4) "개인의 죽음" 테제가 의미하는 것은 개인적 삶의 방식이나 개인주의가 더는 작동하지 않고 있다는 의미가 아니다. 개인의 죽음은 개인과 사회의 긴장관계가 사라지고 개인이 사회에 전적으로 순응하고 동일화함으로써 자기유지가 가능한 상태 자체에 대한 표현이다. 이런 차원에서 개인의 죽음을 회복하는 방식은 개인과 사회의 모순적 대립이 아닌 사회의 다양성 속에서, 아무런 공포나 불안 없이 다양한 삶을 누리게 하는 사회구조의 변화 속에서 찾을 수 있다. 개인의 죽음 테제를 통해 아도르노가 말하고자 하는 것은 개인의 죽음에 대한 승인과 개인의 삶의 가능성에 대한 회의가 아니다. 오히려 아도르노는 총체화된 사회에서 개인의 죽음을 주장함으로써 개인을 회복하려는 요구와 사회비판을 동시에 수행하는 것이다.

5) 아도르노는 아우슈비츠 이전의 삶과 이후의 삶의 태도는 분명히 다를 수밖에 없다고 파악한다. 자연지배논리의 정점이자 문화의 전제로서 자연지배 결과인 아우슈비츠는 행복을 약속한 문화의 실패, 즉 아우슈비츠를 막지 못한 문화라는 것이다. 아도르노에게 이런 문화는 쓰레기다. 체제에 순응하게 하는 문화, 순수이념을 좇는 관념화된 문화, 이데올로기화된 문화는 실패한 문화이며 쓰레기에 지나지 않는다. 자기반성적 문화, 비판적 문화의 매개로 아우슈비츠 이후의 삶의 태도는 "아우슈비츠가 되풀이되지 않고 그와 유사한 일이 일어나지 않도록 생각하고 행동"하는 삶의 태도여야 한다.

6) 티켓적인 사고란 합리적 판단에 의한 인식이 아닌 자의적, 목적적, 일방적, 획일적, 폭력적 사고 판단과 그것의 영향관계를 포함하는 개념이다.
7) 동일성은 체계성, 통일성, 보편성의 이념에 기초한 개념화를 말하는 것인데, 아도르노의 관점에서 보면 이러한 동일성이 지향하는 개념의 특상들은 특수자를 설명하지 못한다. 아도르노는 이 대목에서 진정한 철학은 "전체성에 대한 희망"을 버리는 것이라고 주장한다.
8) 인간의 고통을 표현한 최고의 작품은 직설적 예술언어를 사용한 예술작품이 아니다. 고통은 예술 내적 문법과 예술 언어를 통해 표현해야 한다. 이 점에서 아도르노는 20세기 최고의 정치미술인 게르니카를 그린 피카소를 비롯하여 카프카, 보들레르, 프루스트, 베케트, 찰리 채플린, 쇤베르크 등을 높이 평가한다. 이들 작품에는 억압된 특수자, 물화에 대한 모방을 통한 물화비판, 강압의 체계인 사회의 은폐연관이 예술적으로 형상화되어 있다.
9) 이들에 대한 아도르노가 한 비판의 초점은 사회비판 기능을 하는 예술을 자임하면서 '내재적-비판적 비판'을 따르지 않고 이데올로기적 투쟁의 수단으로 예술을 규정한다는 데 있다. 예술이 이데올로기적 요소에서 완전히 벗어나 자유로울 수는 없지만 예술은 자율성의 토대 위에서 자신의 고유한 문법으로 자기 동일성을 유지하면서 사회를 비판적(작품 속에 사회의 내재성을 드러내는 방식)으로 인식하는 기관이 될 수 있다. 아도르노는 1958년 논문 「강요된 화해(Erpresste Versönung)」에서 예술의 당파성을 주장하는 루카치에 반대하고 있으며 『미학이론』 곳곳에서 위에서 언급한 참여예술론자들의 예술 개념이 지닌 환상과 예술에 대한 몰이해를 비판한다. 아도르노에게 예술은 참여예술이 보여주는 것과 같은 열변을 토하는 방식이 아닌 사회비판의 내용을 눈에 띠지 않는 방식으로 처리하며 그것을 통해 미적 실천을 수행하는 것이다.
10) 이것이 문화산업으로 조정되는 예술의 탈예술화(Entkunstung)다. 예술의 탈예술화를 촉진하는 기제는 문화예술산업에 따른 다양한 산업화 형식뿐만 아니라 대중들이 지닌 문화에 대한 욕구, 예술에 대한 욕구 역시 예술의 탈예술화를 부른다.

대중의 예술에 대한 사이비 만족감, 예술세계를 가상세계로 간주하는 경향에서 이를 찾을 수 있다. 예술의 탈예술화는 예술영역에서 교환가치적 관계가 전일화 됨으로써 완성된다. 아도르노에게 예술의 종말은 예술의 탈예술화와 함께 예술 자체의 부정성 상실을 개념화한 것이다.
11) 예술은 자연지배의 논리를 수정하는 수단이자, 자연지배논리의 저항개념이다. 또한 예술은 자연지배의 사회적 형식인 교환 원리의 저항자이자 대항개념이다.

참고문헌

I. 아도르노 원전

Adorno, Theodor W. (GS) 1997:

Gesammelte Schriften, hrsg. von Rolf Tiedemann, Frankfurt a. M, Schurkamp(Taschenbuchausgabe), 1977.

GS1, Philosophische Fruschriften

GS3, Dialektik der Auklarung(『계몽의 변증법』, 김유동 주경식 이상훈 옮김, 문예출판사, 1995).

GS4, Minima Moralia(『한줌의 도덕』, 최문규 옮김, 솔, 1995)

GS5, Metakritik der Erkenntnistheorie, Drei Studien zu Hegel

GS6, Negative Dialektik(『부정변증법』, 홍승용 옮김, 한길사, 1999), Jargon der Eigentlichkeit

GS7, Asthetische Theorie(『미학이론』, 홍승용 옮김, 문학과 지성사, 1997)

GS8, Soziologische Schriften I

GS9, Soziologische Schriften II, 1/2

GS10,1 Kulturkritik und Gesellschaft I, Prismen, Ohne Leitbild

GS10.2 Kulturkritik und Gesellschaft II, Eingriffe, Stichworte

Adorno, Theodor W., Problem der Moralpjilosophie, Frankfurt a. M, 1996.

_____, Vorlesung uber Negative Dialektik, Frankfurt a. M, 2003.

_____, Zur Lehre von der Geschichte und der Freiheit, Frankfurt a. M, 2001.

II. 2차 문헌

이종하, 「검은 매체, 하얀 매체 혹은 회색 매체」, 『철학연구』, 95집, 2005, 287-306쪽.

_____, 「문화사회에서 노동과 여가: 아도르노와 마르쿠제 '노동과 여가' 논의의 현재성과 한계」, 『철학과 현상학 연구』, 29집, 2006, 159-160쪽.

_____, 「아도르노와 카시러의 나치분석」, 『헤겔연구』, 17집,

2005, 349-382쪽.

_____, 「남성적 계몽의 해석학: 아도르노의 여성(문제)이해」, 『철학연구』, 74집, 2006, 63-85쪽.

_____, 「아도르노의 기술비판과 기술이해」, 『철학연구』, 75집, 2006, 417-437쪽.

_____, 「소외된 교육과 해방의 교육」, 『시대와 철학』, 제16권 2호, 2006, 186-209쪽.

_____, 「세계화 시대의 문화 획일화 비판과 반비판」, 『철학과 현상학 연구』, 26집, 2005, 107-130쪽.

마틴 제이, 황재우 옮김, 『변증법적 상상력』, 돌베게, 1981.

마틴 제이, 최승일 옮김, 『아도르노』, 지성의 샘, 1995.

하르트무트 샤이블레, 김유동 옮김, 『아도르노』, 한길사, 1997.

프랑스엔 〈크세주〉, 일본엔 〈이와나미 문고〉,
한국에는 〈살림지식총서〉가 있습니다.

전자책 | 큰글자 | 오디오북

001 미국의 좌파와 우파 | 이주영
002 미국의 정체성 | 김형인
003 마이너리티 역사 | 손영호
004 두 얼굴을 가진 하나님 | 김형인
005 MD | 정욱식
006 반미 | 김진웅
007 영화로 보는 미국 | 김성곤
008 미국 뒤집어보기 | 장석정
009 미국 문화지도 | 장석정
010 미국 메모랜덤 | 최성일
011 위대한 어머니 여신 | 장영란
012 변신이야기 | 김선자
013 인도신화의 계보 | 류경희
014 축제인류학 | 류정아
015 오리엔탈리즘의 역사 | 정진농
016 이슬람 문화 | 이희수
017 살롱문화 | 서정복
018 추리소설의 세계 | 정규웅
019 애니메이션의 장르와 역사 | 이용배
020 문신의 역사 | 조현설
021 색채의 상징, 색채의 심리 | 박영수
022 인체의 신비 | 이성주
023 생물학무기 | 배우철
024 이 땅에서 우리말로 철학하기 | 이기상
025 중세는 정말 암흑기였나 | 이경재
026 미셸 푸코 | 양운덕
027 포스트모더니즘에 대한 성찰 | 신승환
028 조폭의 계보 | 방성수
029 성스러움과 폭력 | 류성민
030 성상 파괴주의와 성상 옹호주의 | 진형준
031 UFO학 | 성시정
032 최면의 세계 | 설기문
033 천문학 탐구자들 | 이면우
034 블랙홀 | 이충환
035 법의학의 세계 | 이윤성
036 양자 컴퓨터 | 이순칠
037 마피아의 계보 | 안혁
038 헬레니즘 | 윤진
039 유대인 | 정성호
040 M. 엘리아데 | 정진홍
041 한국교회의 역사 | 서정민
042 야웨와 바알 | 김남일
043 캐리커처의 역사 | 박창석
044 한국 액션영화 | 오승욱
045 한국 문예영화 이야기 | 김남석
046 포켓몬 마스터 되기 | 김윤아
047 판타지 | 송태현
048 르 몽드 | 최연구
049 그리스 사유의 기원 | 김재홍
050 영혼론 입문 | 이정우
051 알베르 카뮈 | 유기환
052 프란츠 카프카 | 편영수
053 버지니아 울프 | 김희정
054 재즈 | 최규용
055 뉴에이지 음악 | 양한수
056 중국의 고구려사 왜곡 | 최광식
057 중국의 정체성 | 강준영
058 중국의 문화코드 | 강진석
059 중국사상의 뿌리 | 장현근
060 화교 | 정성호
061 중국인의 금기 | 장범성
062 무협 | 문현선
063 중국영화 이야기 | 임대근
064 경극 | 송철규
065 중국적 사유의 원형 | 박정근
066 수도원의 역사 | 최형걸
067 현대 신학 이야기 | 박만
068 요가 | 류경희
069 성공학의 역사 | 정해윤
070 진정한 프로는 변화가 즐겁다 | 김학선
071 외국인 직접투자 | 송의달
072 지식의 성장 | 이한구
073 사랑의 철학 | 이정은
074 유교문화와 여성 | 김미영
075 매체 정보란 무엇인가 | 구연상
076 피에르 부르디외와 한국사회 | 홍성민
077 21세기 한국의 문화혁명 | 이정덕
078 사건으로 보는 한국의 정치변동 | 양길현
079 미국을 만든 사상들 | 정경희
080 한반도 시나리오 | 정욱식
081 미국인의 발견 | 우수근
082 미국의 거장들 | 김홍국
083 법으로 보는 미국 | 채동배
084 미국 여성사 | 이창신
085 책과 세계 | 강유원
086 유럽왕실의 탄생 | 김현수
087 박물관의 탄생 | 전진성
088 절대왕정의 탄생 | 임승휘
089 커피 이야기 | 김성윤
090 축구의 문화사 | 이은호
091 세기의 사랑 이야기 | 안재필
092 반연극의 계보와 미학 | 임준서

093	한국의 연출가들 | 김남석	147	뱀파이어 연대기 | 한혜원
094	동아시아의 공연예술 | 서연호	148	위대한 힙합 아티스트 | 김정훈
095	사이코드라마 | 김정일	149	살사 | 최명호
096	철학으로 보는 문화 | 신응철	150	모던 걸, 여우 목도리를 버려라 | 김주리
097	장 폴 사르트르 | 변광배	151	누가 하이카라 여성을 데리고 사누 | 김미지
098	프랑스 문화와 상상력 | 박기현	152	스위트 홈의 기원 | 백지혜
099	아브라함의 종교 | 공일주	153	대중적 감수성의 탄생 | 강심호
100	여행 이야기 | 이진홍	154	에로 그로 넌센스 | 소래섭
101	아테네 | 장영란	155	소리가 만들어낸 근대의 풍경 | 이승원
102	로마 | 한형곤	156	서울은 어떻게 계획되었는가 | 염복규
103	이스탄불 | 이희수	157	부엌의 문화사 | 함한희
104	예루살렘 | 최창모	158	칸트 | 최인숙
105	상트 페테르부르크 | 방일권	159	사람은 왜 인정받고 싶어하나 | 이정은
106	하이델베르크 | 곽병휴	160	지중해학 | 박상진
107	파리 | 김복래	161	동북아시아 비핵지대 | 이삼성 외
108	바르샤바 | 최건영	162	서양 배우의 역사 | 김정수
109	부에노스아이레스 | 고부안	163	20세기의 위대한 연극인들 | 김미혜
110	멕시코 시티 | 정혜주	164	영화음악 | 박신영
111	나이로비 | 양철준	165	한국독립영화 | 김수남
112	고대 올림픽의 세계 | 김복희	166	영화와 샤머니즘 | 이종승
113	종교와 스포츠 | 이창익	167	영화로 보는 불륜의 사회학 | 황혜진
114	그리스 미술 이야기 | 노성두	168	J.D. 샐린저와 호밀밭의 파수꾼 | 김성곤
115	그리스 문명 | 최혜영	169	허브 이야기 | 조태동 · 송진희
116	그리스와 로마 | 김덕수	170	프로레슬링 | 성민수
117	알렉산드로스 | 조현미	171	프랑크푸르트 | 이기식
118	고대 그리스의 시인들 | 김헌	172	바그다드 | 이동은
119	올림픽의 숨은 이야기 | 장원재	173	아테네인, 스파르타인 | 윤진
120	장르 만화의 세계 | 박인하	174	정치의 원형을 찾아서 | 최자영
121	성공의 길은 내 안에 있다 | 이숙영	175	소르본 대학 | 서정복
122	모든 것을 고객중심으로 바꿔라 | 안상헌	176	테마로 보는 서양미술 | 권용준
123	중세와 토마스 아퀴나스 | 박주영	177	칼 마르크스 | 박영균
124	우주 개발의 숨은 이야기 | 정홍철	178	허버트 마르쿠제 | 손철성
125	나노 | 이영희	179	안토니오 그람시 | 김현우
126	초끈이론 | 박재모 · 현승준	180	안토니오 네그리 | 윤수종
127	안토니 가우디 | 손세관	181	박이문의 문학과 철학 이야기 | 박이문
128	프랭크 로이드 라이트 | 서수경	182	상상력과 가스통 바슐라르 | 홍명희
129	프랭크 게리 | 이일형	183	인간복제의 시대가 온다 | 김홍재
130	리차드 마이어 | 이성훈	184	수소 혁명의 시대 | 김미선
131	안도 다다오 | 임채진	185	로봇 이야기 | 김문상
132	색의 유혹 | 오수연	186	일본의 정체성 | 김필동
133	고객을 사로잡는 디자인 혁신 | 신언모	187	일본의 서양문화 수용사 | 정하미
134	양주 이야기 | 김준철	188	번역과 일본의 근대 | 최경옥
135	주역과 운명 | 심의용	189	전쟁국가 일본 | 이성환
136	학계의 금기를 찾아서 | 강성민	190	한국과 일본 | 하우봉
137	미 · 중 · 일 새로운 패권전략 | 우수근	191	일본 누드 문화사 | 최유경
138	세계지도의 역사와 한반도의 발견 | 김상근	192	주신구라 | 이준섭
139	신용하 교수의 독도 이야기 | 신용하	193	일본의 신사 | 박규태
140	간도는 누구의 땅인가 | 이성환	194	미야자키 하야오 | 김윤아
141	말리노프스키의 문화인류학 | 김용환	195	애니메이션으로 보는 일본 | 박규태
142	크리스마스 | 이영제	196	디지털 에듀테인먼트 스토리텔링 | 강심호
143	바로크 | 신정아	197	디지털 애니메이션 스토리텔링 | 배주영
144	페르시아 문화 | 신규섭	198	디지털 게임의 미학 | 전경란
145	패션과 명품 | 이재진	199	디지털 게임 스토리텔링 | 한혜원
146	프랑켄슈타인 | 장정희	200	한국형 디지털 스토리텔링 | 이인화

- 201 디지털 게임, 상상력의 새로운 영토 | 이정엽
- 202 프로이트와 종교 | 권수영
- 203 영화로 보는 태평양전쟁 | 이동훈
- 204 소리의 문화사 | 김토일
- 205 극장의 역사 | 임종엽
- 206 뮤지엄건축 | 서상우
- 207 한옥 | 박명덕
- 208 한국만화사 산책 | 손상익
- 209 만화 속 백수 이야기 | 김성훈
- 210 코믹스 만화의 세계 | 박석환
- 211 북한만화의 이해 | 김성훈·박소현
- 212 북한 애니메이션 | 이대연·김경임
- 213 만화로 보는 미국 | 김기홍
- 214 미생물의 세계 | 이재열
- 215 빛과 색 | 변종철
- 216 인공위성 | 장영근
- 217 문화콘텐츠란 무엇인가 | 최연구
- 218 고대 근동의 신화와 종교 | 강성열
- 219 신비주의 | 금인숙
- 220 십자군, 성전과 약탈의 역사 | 진원숙
- 221 종교개혁 이야기 | 이성덕
- 222 자살 | 이진홍
- 223 성, 그 억압과 진보의 역사 | 윤가현
- 224 아파트의 문화사 | 박철수
- 225 권오길 교수가 들려주는 생물의 섹스 이야기 | 권오길
- 226 동물행동학 | 임신재
- 227 한국 축구 발전사 | 김성원
- 228 월드컵의 위대한 전설들 | 서준형
- 229 월드컵의 강국들 | 심재희
- 230 스포츠마케팅의 세계 | 박찬혁
- 231 일본의 이중권력, 쇼군과 천황 | 다카시로 고이치
- 232 일본의 사소설 | 안영희
- 233 글로벌 매너 | 박한표
- 234 성공하는 중국 진출 가이드북 | 우수근
- 235 20대의 정체성 | 정성호
- 236 중년의 사회학 | 정성호
- 237 인권 | 차병직
- 238 헌법재판 이야기 | 오호택
- 239 프라하 | 김규진
- 240 부다페스트 | 김성진
- 241 보스턴 | 황선희
- 242 돈황 | 전인초
- 243 보들레르 | 이건수
- 244 돈 후안 | 정동섭
- 245 사르트르 참여문학론 | 변광배
- 246 문체론 | 이종오
- 247 올더스 헉슬리 | 김효원
- 248 탈식민주의에 대한 성찰 | 박종성
- 249 서양 무기의 역사 | 이내주
- 250 백화점의 문화사 | 김인호
- 251 초콜릿 이야기 | 정한진
- 252 향신료 이야기 | 정한진
- 253 프랑스 미식 기행 | 심순철
- 254 음식 이야기 | 윤진아
- 255 비틀스 | 고영탁
- 256 현대시와 불교 | 오세영
- 257 불교의 선악론 | 안옥선
- 258 질병의 사회사 | 신규환
- 259 와인의 문화사 | 고형욱
- 260 와인, 어떻게 즐길까 | 김준철
- 261 노블레스 오블리주 | 예종석
- 262 미국인의 탄생 | 김진웅
- 263 기독교의 교파 | 남병두
- 264 플로티노스 | 조규홍
- 265 아우구스티누스 | 박경숙
- 266 안셀무스 | 김영철
- 267 중국 종교의 역사 | 박종우
- 268 인도의 신화와 종교 | 정광흠
- 269 이라크의 역사 | 공일주
- 270 르 코르뷔지에 | 이관석
- 271 김수영, 혹은 시적 양심 | 이은정
- 272 의학사상사 | 여인석
- 273 서양의학의 역사 | 이재담
- 274 몸의 역사 | 강신익
- 275 인류를 구한 항균제들 | 예병일
- 276 전쟁의 판도를 바꾼 전염병 | 예병일
- 277 사상의학 바로 알기 | 장동민
- 278 조선의 명의들 | 김호
- 279 한국인의 관계심리학 | 권수영
- 280 모건의 가족 인류학 | 김용환
- 281 예수가 상상한 그리스도 | 김호경
- 282 사르트르와 보부아르의 계약결혼 | 변광배
- 283 초기 기독교 이야기 | 진원숙
- 284 동유럽의 민족 분쟁 | 김철민
- 285 비잔틴제국 | 진원숙
- 286 오스만제국 | 진원숙
- 287 별을 보는 사람들 | 조상호
- 288 한미 FTA 후 직업의 미래 | 김준성
- 289 구조주의와 그 이후 | 김종우
- 290 아도르노 | 이종하
- 291 프랑스 혁명 | 서정복
- 292 메이지유신 | 장인성
- 293 문화대혁명 | 백승욱
- 294 기생 이야기 | 신현규
- 295 에베레스트 | 김법모
- 296 빈 | 인성기
- 297 발트3국 | 서진석
- 298 아일랜드 | 한일동
- 299 이케다 하야토 | 권혁기
- 300 박정희 | 김성진
- 301 리콴유 | 김성진
- 302 덩샤오핑 | 박형기
- 303 마거릿 대처 | 박동운
- 304 로널드 레이건 | 김형곤
- 305 셰이크 모하메드 | 최진영
- 306 유엔사무총장 | 김정태
- 307 농구의 탄생 | 손대범
- 308 홍차 이야기 | 정은희

- 309 인도 불교사 | 김미숙
- 310 아힌사 | 이정호
- 311 인도의 경전들 | 이재숙
- 312 글로벌 리더 | 백형찬
- 313 탱고 | 배수경
- 314 미술경매 이야기 | 이규현
- 315 달마와 그 제자들 | 우봉규
- 316 화두와 좌선 | 김호귀
- 317 대학의 역사 | 이광주
- 318 이슬람의 탄생 | 진원숙
- 319 DNA분석과 과학수사 | 박기원
- 320 대통령의 탄생 | 조지형
- 321 대통령의 퇴임 이후 | 김형곤
- 322 미국의 대통령 선거 | 윤용희
- 323 프랑스 대통령 이야기 | 최연구
- 324 실용주의 | 이유선
- 325 맥주의 세계 | 원융희
- 326 SF의 법칙 | 고장원
- 327 원효 | 김원명
- 328 베이징 | 조창완
- 329 상하이 | 김윤희
- 330 홍콩 | 유영하
- 331 중화경제의 리더들 | 박형기
- 332 중국의 엘리트 | 주장환
- 333 중국의 소수민족 | 정재남
- 334 중국을 이해하는 9가지 관점 | 우수근
- 335 고대 페르시아의 역사 | 유흥태
- 336 이란의 역사 | 유흥태
- 337 에스파한 | 유흥태
- 338 번역이란 무엇인가 | 이향
- 339 해체론 | 조규형
- 340 자크 라캉 | 김용수
- 341 하지홍 교수의 개 이야기 | 하지홍
- 342 다방과 카페, 모던보이의 아지트 | 장유정
- 343 역사 속의 채식인 | 이광조
- 344 보수와 진보의 정신분석 | 김용신
- 345 저작권 | 김기태
- 346 왜 그 음식은 먹지 않을까 | 정한진
- 347 플라멩코 | 최명호
- 348 월트 디즈니 | 김지영
- 349 빌 게이츠 | 김익현
- 350 스티브 잡스 | 김상훈
- 351 잭 웰치 | 하정필
- 352 워렌 버핏 | 이민주
- 353 조지 소로스 | 김성진
- 354 마쓰시타 고노스케 | 권혁기
- 355 도요타 | 이우광
- 356 기술의 역사 | 송성수
- 357 미국의 총기 문화 | 손영호
- 358 표트르 대제 | 박지배
- 359 조지 워싱턴 | 김형곤
- 360 나폴레옹 | 서정복
- 361 비스마르크 | 김장수
- 362 모택동 | 김승일
- 363 러시아의 정체성 | 기연수
- 364 너는 시방 위험한 로봇이다 | 오은
- 365 발레리나를 꿈꾼 로봇 | 김선혁
- 366 로봇 선생님 가라사대 | 안동근
- 367 로봇 디자인의 숨겨진 규칙 | 구신애
- 368 로봇을 향한 열정, 일본 애니메이션 | 안병욱
- 369 도스토예프스키 | 박영은
- 370 플라톤의 교육 | 장영란
- 371 대공황 시대 | 양동휴
- 372 미래를 예측하는 힘 | 최연구
- 373 꼭 알아야 하는 미래 질병 10가지 | 우정헌
- 374 과학기술의 개척자들 | 송성수
- 375 레이첼 카슨과 침묵의 봄 | 김재호
- 376 좋은 문장 나쁜 문장 | 송준호
- 377 바울 | 김호경
- 378 테킬라 이야기 | 최명호
- 379 어떻게 일본 과학은 노벨상을 탔는가 | 김범성
- 380 기후변화 이야기 | 이유진
- 381 샹송 | 전금주
- 382 이슬람 예술 | 전완경
- 383 페르시아의 종교 | 유흥태
- 384 삼위일체론 | 유해무
- 385 이슬람 율법 | 공일주
- 386 금강경 | 곽철환
- 387 루이스 칸 | 김낙중 · 정태용
- 388 톰 웨이츠 | 신주현
- 389 위대한 여성 과학자들 | 송성수
- 390 법원 이야기 | 오호택
- 391 명예훼손이란 무엇인가 | 안상운
- 392 사법권의 독립 | 조지형
- 393 피해자학 강의 | 장규원
- 394 정보공개란 무엇인가 | 안상운
- 395 적정기술이란 무엇인가 | 김정태 · 홍성욱
- 396 치명적인 금융위기, 왜 유독 대한민국인가 | 오형규
- 397 지방자치단체, 돈이 새고 있다 | 최인욱
- 398 스마트 위험사회가 온다 | 민경식
- 399 한반도 대재난, 대책은 있는가 | 이정직
- 400 불안사회 대한민국, 복지가 해답인가 | 신광영
- 401 21세기 대한민국 대외전략 | 김기수
- 402 보이지 않는 위협, 종북주의 | 류현수
- 403 우리 헌법 이야기 | 오호택
- 404 핵심 중국어 간체자(简体字) | 김현정
- 405 문화생활과 문화주택 | 김용범
- 406 미래주거의 대안 | 김세용 · 이재준
- 407 개방과 폐쇄의 딜레마, 북한의 이중적 경제 | 남성욱 · 정유석
- 408 연극과 영화를 통해 본 북한 사회 | 민병욱
- 409 먹기 위한 개방, 살기 위한 핵외교 | 김계동
- 410 북한 정권 붕괴 가능성과 대비 | 전경주
- 411 북한을 움직이는 힘, 군부의 패권경쟁 | 이영훈
- 412 인민의 천국에서 벌어지는 인권유린 | 허만호
- 413 성공을 이끄는 마케팅 법칙 | 추성엽
- 414 커피로 알아보는 마케팅 베이직 | 김민주
- 415 쓰나미의 과학 | 이호준
- 416 20세기를 빛낸 극작가 20인 | 백승무

417 20세기의 위대한 지휘자 | 김문경	471 논리적 글쓰기 | 여세주
418 20세기의 위대한 피아니스트 | 노태헌	472 디지털 시대의 글쓰기 | 이강룡
419 뮤지컬의 이해 | 이동섭	473 NLL을 말하다 | 이상철
420 위대한 도서관 건축 순례 | 최정태	474 뇌의 비밀 | 서유헌
421 아름다운 도서관 오디세이 | 최정태	475 버트런드 러셀 | 박병철
422 롤링 스톤즈 | 김기범	476 에드문트 후설 | 박인철
423 서양 건축과 실내디자인의 역사 | 천진희	477 공간 해석의 지혜, 풍수 | 이지형
424 서양 가구의 역사 | 공혜원	478 이야기 동양철학사 | 강성률
425 비주얼 머천다이징&디스플레이 디자인 | 강희수	479 이야기 서양철학사 | 강성률
426 호감의 법칙 | 김경호	480 독일 계몽주의의 유학적 기초 | 전홍석
427 시대의 지성, 노암 촘스키 | 임기대	481 우리말 한자 바로쓰기 | 안광희
428 역사로 본 중국음식 | 신계숙	482 유머의 기술 | 이상훈
429 일본요리의 역사 | 박병학	483 관상 | 이태룡
430 한국의 음식문화 | 도현신	484 가상학 | 이태룡
431 프랑스 음식문화 | 민혜련	485 역경 | 이태룡
432 중국차 이야기 | 조은아	486 대한민국 대통령들의 한국경제 이야기1 | 이장규
433 디저트 이야기 | 안호기	487 대한민국 대통령들의 한국경제 이야기2 | 이장규
434 치즈 이야기 | 박승용	488 별자리 이야기 | 이형철 외
435 면(麵) 이야기 | 김한송	489 셜록 홈즈 | 김재성
436 막걸리 이야기 | 정은숙	490 역사를 움직인 중국 여성들 | 이양자
437 알렉산드리아 비블리오테카 | 남태우	491 중국 고전 이야기 | 문승용
438 개헌 이야기 | 오호택	492 발효 이야기 | 이미란
439 전통 명품의 보고, 규장각 | 신병주	493 이승만 평전 | 이주영
440 에로스의 예술, 발레 | 김도윤	494 미군정시대 이야기 | 차상철
441 소크라테스를 알라 | 장영란	495 한국전쟁사 | 이희진
442 소프트웨어가 세상을 지배한다 | 김재호	496 정전협정 | 조성훈
443 국제난민 이야기 | 김철민	497 북한 대남 침투도발사 | 이윤규
444 셰익스피어 그리고 인간 | 김도윤	498 수상 | 이태룡
445 명상이 경쟁력이다 | 김필수	499 성명학 | 이태룡
446 갈매나무의 시인 백석 | 이숭원	500 결혼 | 남정욱
447 브랜드를 알면 자동차가 보인다 | 김흥식	501 광고로 보는 근대문화사 | 김병희
448 파이온에서 힉스 입자까지 | 이강영	502 시조의 이해 | 임형선
449 알고 쓰는 화장품 | 구희연	503 일본인은 왜 속마음을 말하지 않을까 | 임영철
450 희망이 된 인문학 | 김호연	504 내 사랑 아다지오 | 양태조
451 한국 예술의 큰 별 동랑 유치진 | 백형찬	505 수프림 오페라 | 김도윤
452 경허와 그 제자들 | 우봉규	506 바그너의 이해 | 서정원
453 논어 | 윤홍식	507 원자력 이야기 | 이정익
454 장자 | 이기동	508 이스라엘과 창조경제 | 정성호
455 맹자 | 장현근	509 한국 사회 빈부의식은 어떻게 변했는가 | 김용신
456 관자 | 신창호	510 요하문명과 한반도 | 우실하
457 순자 | 윤무학	511 고조선왕조실록 | 이희진
458 미사일 이야기 | 박준복	512 고구려조선왕조실록 1 | 이희진
459 사주(四柱) 이야기 | 이지형	513 고구려조선왕조실록 2 | 이희진
460 영화로 보는 로큰롤 | 김기범	514 백제왕조실록 1 | 이희진
461 비타민 이야기 | 김정환	515 백제왕조실록 2 | 이희진
462 장군 이순신 | 도현신	516 신라왕조실록 1 | 이희진
463 전쟁의 심리학 | 이윤규	517 신라왕조실록 2 | 이희진
464 미국의 장군들 | 여영무	518 신라왕조실록 3 | 이희진
465 첨단무기의 세계 | 양낙규	519 가야왕조실록 | 이희진
466 한국무기의 역사 | 이내주	520 발해왕조실록 | 구난희
467 노자 | 임헌규	521 고려왕조실록 1 (근간)
468 한비자 | 윤찬원	522 고려왕조실록 2 (근간)
469 묵자 | 박문현	523 조선왕조실록 1 | 이성무
470 나는 누구인가 | 김용신	524 조선왕조실록 2 | 이성무

525 조선왕조실록 3 | 이성무
526 조선왕조실록 4 | 이성무
527 조선왕조실록 5 | 이성무
528 조선왕조실록 6 | 편집부
529 정한론 | 이기용
530 청일전쟁 | 이성환
531 러일전쟁 | 이성환
532 이슬람 전쟁사 | 진원숙
533 소주이야기 | 이지형
534 북한 남침 이후 3일간, 이승만 대통령의 행적 | 남정옥
535 제주 신화 1 | 이석범
536 제주 신화 2 | 이석범
537 제주 전설 1 | 이석범
538 제주 전설 2 | 이석범
539 제주 전설 3 | 이석범
540 제주 전설 4 | 이석범
541 제주 전설 5 | 이석범
542 제주 민담 | 이석범
543 서양의 명장 | 박기련
544 동양의 명장 | 박기련
545 루소, 교육을 말하다 | 고봉만 · 황성원
546 철학으로 본 앙트러프러너십 | 전인수
547 예술과 앙트러프러너십 | 조명계
548 예술마케팅 | 전인수
549 비즈니스상상력 | 전인수
550 개념설계의 시대 | 전인수
551 미국 독립전쟁 | 김형곤
552 미국 남북전쟁 | 김형곤
553 초기불교 이야기 | 곽철환
554 한국가톨릭의 역사 | 서정민
555 시아 이슬람 | 유흥태
556 스토리텔링에서 스토리두잉으로 | 윤주
557 백세시대의 지혜 | 신현동
558 구보 씨가 살아온 한국 사회 | 김병희
559 정부광고로 보는 일상생활사 | 김병희
560 정부광고의 국민계몽 캠페인 | 김병희
561 도시재생이야기 | 윤주
562 한국의 핵무장 | 김재엽
563 고구려 비문의 비밀 | 정호섭
564 비슷하면서도 다른 한중문화 | 장범성
565 급변하는 현대 중국의 일상 | 장시,리우린,장범성
566 중국의 한국 유학생들 | 왕링윈, 장범성
567 밥 딜런 그의 나라에는 누가 사는가 | 오민석
568 언론으로 본 정부 정책의 변천 | 김병희
569 전통과 보수의 나라 영국 1-영국 역사 | 한일동
570 전통과 보수의 나라 영국 2-영국 문화 | 한일동
571 전통과 보수의 나라 영국 3-영국 현대 | 김언조
572 제1차 세계대전 | 윤형호
573 제2차 세계대전 | 윤형호
574 라벨로 보는 프랑스 포도주의 이해 | 전경준
575 미셸 푸코, 말과 사물 | 이규현
576 프로이트, 꿈의 해석 | 김석
577 왜 5왕 | 홍성화
578 소가씨 4대 | 나행주
579 미나모토노 요리토모 | 남기학
580 도요토미 히데요시 | 이계황
581 요시다 쇼인 | 이희복
582 시부사와 에이이치 | 양의모
583 이토 히로부미 | 방광석
584 메이지 천황 | 박진우
585 하라 다카시 | 김영숙
586 히라쓰카 라이초 | 정애영
587 고노에 후미마로 | 김봉식
588 모방이론으로 본 시장경제 | 김진식
589 보들레르의 풍자적 현대문명 비판 | 이건수
590 원시유교 | 한성구
591 도가 | 김대근
592 춘추전국시대의 고민 | 김현주
593 사회계약론 | 오수웅

아도르노 고통의 해석학

펴낸날	초판 1쇄 2007년 6월 5일 초판 5쇄 2021년 8월 2일
지은이	이하준
펴낸이	심만수
펴낸곳	(주)살림출판사
출판등록	1989년 11월 1일 제9-210호
주소	경기도 파주시 광인사길 30
전화	031-955-1350 팩스 031-624-1356
홈페이지	http://www.sallimbooks.com
이메일	book@sallimbooks.com
ISBN	978-89-522-0648-0 04080
ISBN	978-89-522-0096-9 04080 (세트)

※ 값은 뒤표지에 있습니다.
※ 잘못 만들어진 책은 구입하신 서점에서 바꾸어 드립니다.

함께 읽으면 좋은 책

철학·사상

026 미셸 푸코　　eBook

양운덕(고려대 철학연구소 연구교수)

더 이상 우리에게 낯설지 않지만, 그렇다고 손쉽게 다가가기엔 부담스러운 푸코라는 철학자를 '권력'이라는 열쇠를 가지고 우리에게 열어 보여 주는 책. 권력은 어떻게 작용하는가에서 논의를 시작하여 관계망 속에서의 권력과 창조적·생산적·긍정적인 힘으로서의 권력을 이야기해 준다.

027 포스트모더니즘에 대한 성찰　　eBook

신승환(가톨릭대 철학과 교수)

포스트모더니즘의 역사와 논의를 차분히 성찰하고, 더 나아가 서구의 근대를 수용하고 변용시킨 우리의 탈근대가 어떠한 맥락에서 이해되는지를 밝힌 책. 저자는 오늘날 포스트모더니즘으로 대변되는 탈근대적 문화와 철학운동은 보편주의와 중심주의, 전체주의와 이성 중심주의에 대한 거부이며, 지금은 이 유행성의 뿌리를 성찰해 볼 때라고 주장한다.

202 프로이트와 종교　　eBook

권수영(연세대 기독상담센터 소장)

프로이트는 20세기를 대표할 만한 사상가이지만, 여전히 적지 않은 논란과 의심의 눈초리를 받고 있다. 게다가 신에 대한 믿음을 빼앗아버렸다며 종교인들은 프로이트를 용서하지 않을 기세이다. 기독교 신학자인 저자는 이 책을 통해 종교인들에게 프로이트가 여전히 유효하며, 그를 통하여 신앙이 더 건강해질 수 있다는 점을 보여 주려 한다.

427 시대의 지성 노암 촘스키　　eBook

임기대(배재대 연구교수)

저자는 노암 촘스키를 평가함에 있어 언어학자와 진보 지식인 중 어느 한 쪽의 면모만을 따로 떼어 이야기하는 것은 불합리하다고 말한다. 이 책에서는 촘스키의 가장 핵심적인 언어이론과 그의 정치비평 중 주목할 만한 대목들이 함께 논의된다. 저자는 촘스키 이론과 사상의 본질에 다가가기 위한 이러한 시도가 나아가 서구 사상을 받아들이는 우리의 자세와도 연결된다고 믿고 있다.

철학·사상

024 이 땅에서 우리말로 철학하기

이기상(한국외대 철학과 교수)

우리말을 가지고 우리의 사유를 펼치고 있는 이기상 교수의 새로운 사유 제안서. 일상과 학문, 실천과 이론이 분리되어 있는 '궁핍의 시대'에 사는 우리에게 생활세계를 서양학문의 식민지화로부터 해방시키고, 서양이론의 중독으로부터 벗어나야 한다고 역설한다. 저자는 인간 중심에서 생명 중심으로의 변화와 관계론적인 세계관을 담고 있는 '사이 존재'를 제안한다.

025 중세는 정말 암흑기였나 `eBook`

이경재(백석대 기독교철학과 교수)

중세에 대한 친절한 입문서. 신과 인간에 대한 중세인의 의식을 다루고 있는 이 책은 어떻게 중세가 암흑시대라는 일반적인 인식을 가지게 되었는지에 대한 물음을 추적한다. 중세는 비합리적인 세계인가, 중세인의 신앙과 이성은 어떠한 관계를 갖고 있는가 등에 대한 논의를 하고 있다.

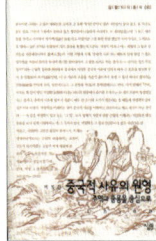

065 중국적 사유의 원형 `eBook`

박정근(한국외대 철학과 교수)

중국 사상의 두 뿌리인 『주역』과 『중용』을 철학적 관점에서 접근한다. '산다는 것은 무엇인가?'라는 근원적 질문으로부터 자생한 큰 흐름이 유가와 도가인데, 이 두 사유의 흐름을 거슬러 올라가다 보면 그 둘이 하나로 합쳐지는 원류를 만나게 된다. 저자는 『주역』과 『중용』에 담겨 있는 지혜야말로 중국인의 사유세계를 지배하는 원류라고 말한다.

076 피에르 부르디외와 한국사회 `eBook`

홍성민(동아대 정치외교학과 교수)

부르디외의 삶과 저작들을 통해 그의 사상을 쉽게 소개해 주고 이를 통해 한국사회의 변화를 호소하는 책. 저자는 부르디외가 인간의 행동이 엄격한 합리성과 계산을 근거로 행해지기보다는 일정한 기억과 습관, 그리고 사회적 전통에 영향을 받는다는 사실로부터 시작한다는 점을 강조한다.

철학·사상

096 철학으로 보는 문화 `eBook`

신응철(숭실대 인문과학연구소 연구교수)

문화와 문화철학 연구에 관심 있는 사람을 위한 길라잡이로 구상된 책. 비교적 최근에 분과학문으로 등장하기 시작한 문화철학의 논의에 반드시 들어가야 할 요소를 선택하여 제시하고, 그 핵심 내용을 제공한다. 칸트, 카시러, 반 퍼슨, 에드워드 홀, 에드워드 사이드, 새무얼 헌팅턴, 수전 손택 등의 철학자들의 문화론이 소개된다.

097 장 폴 사르트르 `eBook`

변광배(프랑스인문학연구모임 '시지프' 대표)

'타자'는 현대 사상에 있어 가장 중요한 개념 중 하나이다. 근대가 '자아'에 주목했다면 현대, 즉 탈근대는 '자아'의 소멸 혹은 자아의 허구성을 발견함으로써 오히려 '타자'에 관심을 갖게 되었다. 그리고 타자이론의 중심에는 사르트르가 있다. 사르트르의 시선과 타자론을 중점적으로 소개한 책.

135 주역과 운명 `eBook`

심의용(숭실대 강사)

주역에 대한 해설을 통해 사람들의 우환과 근심, 삶과 운명에 대한 우리의 자세를 말해 주는 책. 저자는 난해한 철학적 분석이나 독해의 문제로 우리를 데리고 가는 것이 아니라 공자, 백이, 안연, 자로, 한신 등 중국의 여러 사상가들의 사례를 통해 우리네 삶을 반추하는 방식을 취한다.

450 희망이 된 인문학 `eBook`

김호연(한양대 기초·융합교육원 교수)

삶 속에서 배우는 앎이야말로 인간의 운명을 바꿀 수 있는 기회를 준다. 그래서 삶이 곧 앎이고, 앎이 곧 삶이 되는 공부를 하는 것이 무엇보다 중요하다. 저자는 인문학이야말로 앎과 삶이 결합된 공부를 도울 수 있고, 모든 이들이 이 공부를 할 수 있어야 한다고 믿는다. 특히 '관계와 소통'에 초점을 맞춘 인문학의 실용적 가치, '인문학교'를 통한 실제 실천사례가 눈길을 끈다.

철학·사상

eBook 표시가 되어있는 도서는 전자책으로 구매가 가능합니다.

- 024 이 땅에서 우리말로 철학하기 | 이기상
- 025 중세는 정말 암흑기였나 | 이경재 eBook
- 026 미셸 푸코 | 양운덕 eBook
- 027 포스트모더니즘에 대한 성찰 | 신승환 eBook
- 049 그리스 사유의 기원 | 김재홍 eBook
- 050 영혼론 입문 | 이정우
- 059 중국사상의 뿌리 | 장현근 eBook
- 065 중국적 사유의 원형 | 박정근
- 072 지식의 성장 | 이한구 eBook
- 073 사랑의 철학 | 이정은 eBook
- 074 유교문화와 여성 | 김미영 eBook
- 075 매체 정보란 무엇인가 | 구연상 eBook
- 076 피에르 부르디외와 한국사회 | 홍성민 eBook
- 096 철학으로 보는 문화 | 신응철 eBook
- 097 장 폴 사르트르 | 변광배 eBook
- 123 중세와 토마스 아퀴나스 | 박경숙 eBook
- 135 주역과 운명 | 심의용 eBook
- 158 칸트 | 최인숙 eBook
- 159 사람은 왜 인정받고 싶어하나 | 이정은 eBook
- 177 칼 마르크스 | 박영균
- 178 허버트 마르쿠제 | 손철성 eBook
- 179 안토니오 그람시 | 김현우
- 180 안토니오 네그리 | 윤수종 eBook
- 181 박이문의 문학과 철학 이야기 | 박이문 eBook
- 182 상상력과 가스통 바슐라르 | 홍명희 eBook
- 202 프로이트와 종교 | 권수영 eBook
- 289 구조주의와 그 이후 | 김종우 eBook
- 290 아도르노 | 이종하 eBook
- 324 실용주의 | 이유선
- 339 해체론 | 조규형
- 340 자크 라캉 | 김용수
- 370 플라톤의 교육 | 장영란 eBook
- 427 시대의 지성 노암 촘스키 | 임기대 eBook
- 441 소크라테스를 알라 | 장영란 eBook
- 450 희망이 된 인문학 | 김호연 eBook
- 453 논어 | 윤홍식 eBook
- 454 장자 | 이기동 eBook
- 455 맹자 | 장현근 eBook
- 456 관자 | 신창호 eBook
- 457 순자 | 윤무학 eBook
- 459 사주(四柱) 이야기 | 이지형 eBook
- 467 노자 | 임헌규 eBook
- 468 한비자 | 윤찬원 eBook
- 469 묵자 | 박문현 eBook
- 470 나는 누구인가 | 김용신 eBook
- 475 버트런드 러셀 | 박병철
- 476 에드문트 후설 | 박인철
- 477 공간 해석의 지혜, 풍수 | 이지형
- 478 이야기 동양철학사 | 강성률
- 479 이야기 서양철학사 | 강성률
- 480 독일 예몽주의의 유학적 기초 | 전홍석

㈜**살림출판사**
www.sallimbooks.com
주소 경기도 파주시 문발동 522-1 | 전화 031-955-1350 | 팩스 031-955-1355